주말 7시

주말 7시

발행	2022년 09월 15일
저자	하정희, 서유진, 송정빈, 오모
펴낸이	강남글방
펴낸곳	주식회사 한태
출판사등록	2022. 01. 19(제2022-25호)
주소	서울특별시 강남구 테헤란로13길 24 4층
E-mail	contact@geulbang.co.kr
ISBN	979-11-978-5955-7

www.geulbang.co.kr

주말 7시

하정희, 서유진, 송정빈, 오모 지음

차례

제1장

달과 술 _ 하정희

들어가는 글

당신은 왜 글을 쓰나요.

강남글방을 찾는 대부분의 사람들에게 질문을 던져보곤 합니다. 저마다의 이유들이 있지만 결코 그 이유들은 마냥 가볍다고도, 무겁다고도 할 수 없습니다. 수많은 사연들을 층층이 쌓아 한 발작 떨어져 살펴보면 '아. 그냥 자연스러운 일이구나.' 생각이 듭니다. 아홉 명의 3기 사람들의 글도 다르지 않습니다. 살아가는 어느 날 문득 스스로와 세상에 고해하듯 글을 써내려갔습니다. 실을 엮어 옷을 만듦과 다름없이 문장들을 엮어 한권의 책을 만들었습니다. 살아가다보니 자연스레 그렇게 되었습니다. 그리 특별한 것은 아니지만 어쩌면 많은 이들이 원하는 평범한 삶을 완성시켜가는 자연스러움일지도 모르겠습니다.

어떤 인연으로든 여기에 그들이 숨 쉬듯 남긴 글들을 마주하게 될 독자님들. 여러분을 만난 것 역시 우리가 살아가는 어느 날의 자연스러움이기를 바라겠습니다.

글방지기 올림

제1장

달과 술

하정희

하 정 희

정희책방을 차리고 싶습니다.

그 생각이 강남글방을 찾아오게 만들었고, 퇴고에 이르고 나니 공동출판에 왜 참여하고 싶었던건지, 비로소 알게되었습니다. 욕망에 비하여, 충분한 창작의 고통과 퇴고의 시간을 거치지 못함에 죄송할 따름입니다.

사실 시간이 더 주어졌다 한들, 별 차이는 없었을 듯합니다.
시간이 흐른다해서 저의 본질은 변하지 않듯이요.
과거를 정리하는 기분으로 현재에 퇴고하며,
미래를 기대해봤습니다.

나의 미래에게 이 책을 바칩니다.
이 책이 어느날, '너는 이 시기에 이런 생각을 했단다' 하고 조언해주는 나의 멘토가 되어주길….

@jh_bookshop

목 차

기상 起牀

눈을 뜨면 내 방

따스한 햇빛에 유리가 조각나듯이

아침 새 소리가 귀에서 잘게 고여들 듯이

어두운 방 전체에 침식한 새벽이

해가 뜬다 나의 아침이, 햇빛이 온다

기상 起牀

마름모에 갇힌 기록

8살 때부터 매일매일 쓴 일기장이 있었다. 1학년 때는 그림 일기였다가 2학년부터 글로 가득 찬 일기였는데, 매해 시간이 흐를수록 깊은 생각의 태가 묻어났다고 한다. -그랬다고 한다. 그 때 당시 담임선생님은, 일기에 담긴 사색이 아이같지 않아서, 자녀분이 글재주가 있노라 부모님께 따로 말씀드린 적이 있다고 하니, 해서, 이 모든 것은 부모님께 전해들은 기억에 의존하였기에 애매한 구석이 있다.

증거물이 되어줄 몇 백 권의 일기장은 중학교 이사 갈 때 사라져버렸다. 아빠가 가득 찬 일기 박스를 버리신 탓이다. 어느 날 일기장들의 존재여부를 묻던 내게, 아빠는 그게 일기장인줄 몰랐다고 내게 미안하다고 했고, 나는 그 때 괜찮아요. 별일 아니란 듯이 말했으며, '이미 버린걸 뭐 어떻게 하나, 다시 쓰면 되지.' 속마음도 분명 그러했었는데,

잃어버린 기록, 그 일기장들을 되찾고 싶어 몸부림치는 내면을 알아챘다. 내 기억, 내 시간, 내 감정, 나의 성장, 어쩌면

지금의 나보다 더 찬란하게 빛났을 그 어린 시절의 내 본성. 그런 것들이 버려졌다는 것이 무척 안타까운 사건이었단 걸 깨닫는 데는 한참의 시간이 걸렸다. 아빠가 지금까지도 내게 진심으로 미안해하시는 걸 알기에, 아쉬운 마음은 내뱉지 않고 고이 접어 넣었다만, 그 일기장들을 여전히 그리워한다. 종종 내가 꾼 꿈이지만 내 것이 아닌 것 같은 그런 기분으로….

가끔은 밖으로 내뱉을 수 없는 서운함들이 있다. 말해봤자 나아지는 상황이 없던가, 말해봤자 상대방이 상처받을 것 같을 때는, 혼자 알고 있는 것이 나을 때.

나의 기록행위를 이것을 계기로 그만두었으면 좋았을 텐데, 20살부터 24살까지 빼곡히 썼던 블로그 포스팅의 기억도 꼬리를 물어 따라온다. 여행 후, 혹은 영화관을 빠져나온 후 뒷이야기를 상상하며 써내려가던 글들. 밤새도록 그 인물들의 대사와 행동을 상상하기도 했고, 그 세계 속에 살았으며 ,허기짐도 느끼지 못한 채 앉아서 글만 썼다. 정말 글만 썼다. 내게도 그런 기억이 있다는 게 마치 타인의 경험을 읊는 기분이다.

하지만 그 글 뭉치 역시 내 손으로 삭제 했다.

그런 글들을 몽땅 배설물이라 여겼다. 정확히 말하면 내 속마음을 남들에게 내비춰야할 이유도 자신감도 없었다.

그리고 더 시간은 흘렀다.

과거의 버려진 모든 나의 글들이 그립다. 사무치게 그립다는 표현은 사람에게 쓰는 것이 아니라 내 글들에게 바치고 싶다.

그 때의 내가 몹시 궁금하다.

현재는 무언가 너무 무뎌졌거나, 너무 루틴이 확고해졌거나, 너무 이상적으로 살아간다. 성공에는 가까워졌겠으나, 개성의 빛은 단단히 바래진 모습일테지. 다시는 후회하지 않기 위해, 앞으로라도 모든 기록은 절대 삭제하지 않으려한다. 그리 다짐하고서는 불과 오늘 낮에 써놨던 글을 모조리 삭제했다.

무언가 반복되고 있으니, 아예 박제를 해버리는 게 출판이라 한다면, 출판을 해야겠다.

마름모는 네 변이 같은 사계절을 지녀서 변함이 없다. 어딜 부딪히나 동일함에 네 변에 익숙해졌고, 급기야 루틴을 포기할 수도 없게 된 현재의 나는, 가끔 과거의 것들을 회상한다. 과거의 것들, 몇 박스에 담겨 버려진 나의 일기장.

점점 이렇게 외벽도 내벽도 단단해져, 어떤 시도 소설도 못쓰게 될 까봐 두렵다. 타인을 감정으로 읽지 못하고 이성으로만 읽게될까 두렵다.

마름모는 술에 취한 어느 날, 동그라미인지 찌그러진 타원형인지 모를 과거에게 말을 건넨 적도 있다. 빗길에 이리저리 미끄러지며 풍류를 즐기는 것처럼 보이는 동그라미는, 동시에 나의 완벽한 마름모 모양을 보고 안심하고 잇었다. 휴 결국 저렇게 견고하게 된다면, 더 실컷 놀겠어! 소리 높여 외치는 찌그러진 동그라미는 우스꽝스럽지만 자유롭다. 마름모는 그저 흐뭇하게 바라본다.

어쩌면 과거의 내가 이미 자유를 만끽한건 아니였을까.

마름모는 네 변이 같은 사계절을 지녀서 변함이 없다. 이 문구를 다시 한 번 반복해보니, 본 마음은 항상 겨울 속에 있었다. 봄이 움트기 직전, 격동하기 직전의 그 고요함을 사랑한다. 보이지 않는 눈밭 밑에서 고군분투한다. 흙 속에서 늘 쉬고 싶고, 겨울의 흰 눈 속에서 온기마저 느낀다. 2022년 8월 현실로 돌아온 나의 열정은 이제 막 여름을 빠져나온다. 가을은 빠져나온 나의 푸른 은하수 길. 열에 가득 찼던 여름을 식히라고 주는 가을 선의 곡선. 이따금씩 내리는 요즘 날의 비는, 모니터에서 깜빡거리는 무의미한 커서.

가끔 내가 유지하는 모든 게 무슨 소용인가 싶다. 본능에 이끌린 채 살다가 성공하는 자기계발서는 왜 없지. 있다면 공유 바란다.

이왕이면 성공적인 결과물이 담긴 내용으로….

마름모에 갇힌 기록

반

드득 소리를 내며 검푸른 살얼음이 떨어질 때

두웅둥 셀로판지같은 얇고 투명한 판막이 흘러내려

그건 나의 삶,

냉정히 얼리지도

편하게 녹아버리지도 못한 삶

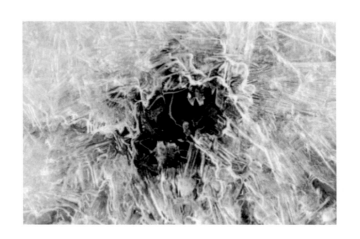

시작점

너는 태어나는 순간이 감격스러워서 운거야, 고통스러워서 운거야?

정말 너는 태어나고 싶어서 태어난거니, 수축에 견디지 못해 밀려나온거니?

1991 반으로 접으면 데칼코마니처럼 만나는 년도에 태어난 사람들은, 그래서인지 반인반수 같은 면모가 많아. 아주 밝으면서 어둡지. 태양과 달이 공존해. 수다스러움과 고요함. 좋게 말하면 어느 곳에 가도 어울리고, 달리 말하면 저 사람이 어떤 사람인지 잘 모르겠는 거야. 일단 공통적으로 사람들을 좋아해. 고집부리기 보단 조화로운 것 같아.

시작점으로 돌아가 보자.

돌아갈 기억이 있어야 돌아가지.

내 기억은 어디로 갔을까? 처음을 알면 끝도 알 수 있기에,

누군가 지워버린 걸까?

헤매이라고.

니 끝을 찾기 전까지 잔뜩 헤매이며 인생을 즐겨보라고.

무언가의 뜻대로 난 즐기고 있어. 하지만, 과거의 즐기지 못했던 순간도 있기에 인생이 가끔 사무치듯 시큰거려. 마음이 아파. 내가 낭비한 시간들이, 왜 그 시간들은 잊혀지지 않고 또렷이 생각나는 걸까. 왜 안 지워주지?
내가 경험한 무기력한 시간들, 후회의 시간들, 이상한 선택들.

그래도 난 현재를 살기위해, 이왕이면 즐기기 위해.

큰 우주를 상상하고, 그 속에 먼지 같은 내 존재를 다시 깨우쳐.

그리고 나면 난 아무것도 아니야. 그래서 자유로워져. 그래서 다시 행복해지고, 사소한 모든 것이 감사해질 수 있어.

*

이모가 꿈속에서 황금사과를 엄마에게 한 바구니 건넸데, 그게 나였고. 엄마는 나를 지웠어야 맞을 정도로 아팠는데, 이 아이를 꼭 낳아야 한다 생각했데. 말썽도 안 피우고 엄마의 표현으로는 쑤욱 나왔데. 아프지도 않았데. 나는 그래서 출산이 안 아픈 건 줄 알았지... 커가면서 다큐며 여러 가지 이야기를 듣고 나서야, 출산이란 것이- 엄청난 고통과 그 후의 부작용이 평생 수반 된다는 걸 알았어. 엄마는 어떤 마음으로 나를 낳았길래 '쑤욱' 이라고 표현해 줬을까?

내 위로 두 명을 낙태해야 할 정도로 몸이 약했다고 하셨어. 그리고 우리 엄마아빠가 항상 그리 말해. 소위 복 받은 아이였데. 친언니는 그렇게 집 없는 설움 속에서, 고생을 함께 해서 아픈 큰 손가락인데, 내가 태어남과 동시에 엄마아빠가 집을 매매했고, 여러가지가 풍족해졌데. 태어난 계절도 가을이라 그런지 내가 느끼기에도 그래. 늘 먹을 복 인복하나는 끝내 줬다고 설명할 수 있을 정도로.

그리고 또 나의 탄생을, 엄마아빠가 회상할 때 꼭 하는 말이 있어. 시커멓게 태어난 아이. 엄마가 너무 깜짝 놀랐데. 너무 까만 아이가 나와서. 그런데 자랄수록 하얘지는 아이. 나는 타인의 경험에 의해서만 알 수 있는 '나의 탄생 이야기'를 들으면서 깔깔깔 웃을 수밖에 없었어. 웃기잖아. 재밌고. 아, 무엇보다도 내 얘기 같지 않잖아.

아, 또 기이한 것이 있지.

큰 집 쪽에 같은 날 같은 시간 단, 몇 분정도만 일찍 태어난 사촌 언니가 있어. 사촌 쌍둥이라고 해야 하나. 누군가 말하길 두 집 모두 동시에 딸을 낳아서, 누군가는 김이 샜다고 하더라. 그 집은 남아선호사상이 심한 집이었거든. 두 며느리가 동시에 같은 시간에 딸을 낳았다니. 얼마나 그들은 상심이 컸겠어? 가문을 잇는 것에 심취해 있는 족보 있는 집안의 비하인드 스토리로는 딱이지. 그래서 모든 재산이 넘어간걸지 모르고, 그래서 언니가 집 없는 설움을 겪었으니, 사실 나는 나의 탄생보다 언니의 탄생이 더 궁금해져. 그냥 미안해. 전부 다.

나는 많은 이들에게 베풀어야 해.

그래야한다는 의무감이 들어.

스스로 달임을 자각하면서도, 누군가의 태양이 되어야 한단 생각을 강하게 해.

사실 태어날 수 없었던 존재잖아. 태어난 이유는 그게 아닐까?

나를 태어나게 한 모든 이들에게 베풀고 생을 마감하라고. 또 생각난 게 있다. 엄마가 나를 품은 내내 남자아이일 거라고 생각한 탓인지, 남자아이처럼 짓궂게 놀고 남자애들을 휘두르고 골목대장처럼 성장했데. 그러다가 거짓말처럼 사춘기와 함께 급속도로 여성스러워졌데.

그것조차 1991년 답지?

시작점

조언

무색의 공기와 색맹이, 피카소처럼 부셔졌다가 고흐의 물결처럼 휘감겨 있으니, 나는 무슨 색일까? 공기가 묻는다. 공기의 주변엔 죄다 색맹들 뿐이었다.

내 무대는 검정색

너는 온통 흰색의 대사를 내뱉고

형태소 하나하나 서로의 존재에 낙인 찍히며 튕겨나간다

흑건과 백건이 결국 나란히 어깨를 마주할 수 없듯이

먹지같은 나를, 너가 미리 눈치 챘어야지

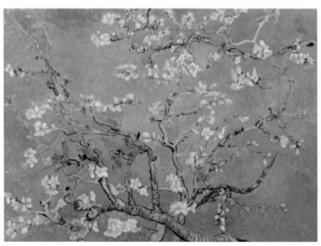

조언

어쩌면 세레나데

"사랑은 순간의 선택이야 넌 거절할 수도 있었다고" 영화 클로저 속, 앨리스의 대사이다. "제 인생에서 이런 전남친이 있었다는 게 좋고, 그 사람을 구글에서 찾아볼 수 있다는 게 좋아서. 그래서 그 사람의 존재가 좋아요" 영화모임을 주최하고 있는 지인 모임에 갔을 때, 어느 여성분이 내뱉은 말이다.

그녀는 유명한 도자기 공방의 사장님이었고, 전 남친은 그녀와 같은 업을 갖고 있는데, 본인보다 훨씬 더- 잘나가서, 솔직히 말하면, 아주 조금 질투난다고 했다.

한 동안 사랑이 귀찮다고 생각했을 때가 있었다. 태어나서 살다가 죽는 인간의 생애주기처럼, 연애의 어떤 정형화된 싸이클이 허무하다 느꼈다.

<정리>

정리해서 지워버리려고

간직하되, 짐이 되지 않게 하려고

아니 원래 없던 것처럼

간직도 하지 않으려고

처음부터 널 짐이라 치환하며

정리를 강요했다

밀고, 몰아붙이고, 깎아내리고

그러니까 오늘 정리 하려했던 마음이

달에 무거워 걸린 채로 다시 정리 당했을 뿐

다신, 슬픔이 없을 나의 시는 혼란할 뿐

그런 태도로 일관할 때 썼던 시다. 아마 그 시절의 나는 썰물에 밀려서 육지로 나온 생선의 멍한 동공처럼, 물에 떠밀려 가는 인생을 살았던 것 같다. 일하고 주말에 남는 시간은 사람이 그리워 모임에 나가고, 일하고, 모임에 나가고, 다가오는 사람은 모두 쳐내고, 일하고, 사람들 사이에 얘기하고, 또 일하고, 인파 속의 공허한 생선. 9년의 긴 연애를 마친 후의 루틴이었다.

나는 나를 사랑하지 않았다. 그러나 나를 진심으로 사랑하고 싶어 하기도 했다. 그래서 조각내어 부서진 나를 든 채로 일기를 써내려갔다. 배설물에 가까운 글 조각들. 그래서 누구에게 보여주지 못했고, 보여주고 싶다는 생각도 갖지 못했다.

그리고 그 수많은 모임 속의 어느 날.

-썸타는 게 더 재밌는 것 같아. 연애는 지겨움이 오잖아.

내가 그리 말했던가.

-썸은 술 같은 거야. 마실 땐 즐겁지만 마시고나서 후회하지. 너처럼 이틀 내내 숙취에 앓던가.”

그 남자가 그리 말했던가. 그 남자가 현재 남자친구이던가.

내가 이 남자와 계속해서 사귀기로 결심한 이유는, 현재에 살 수 있어서다. 과거나 미래에 살려고 하는 나의 불안이, 이 사람과 있으면 현재에 머물곤 했으니,

현재에 가진 것에 만족하고 현재의 행복을 말해주는 사람.

세상에 이런 사람은 그리 흔하지 않다.

스스로 사랑이 필요 없는 독립적인 사람이길 추구했으나, 어느 책을 읽어보아도 사랑이 언급되고 있어 의문이었다. 인간에게 있어, 사랑은 왜 이렇게 필수적이라는 걸까?

가까스로 답을 내려 본 것은 이러한 논리인데, 또 언제 번복 될지는 모른다. 사람은 변하기 마련이니까.

사람은 태어날 때 퍼즐 한 조각을 잃은 채로 태어난다. 그 한 조각은 날 행복하게 해주는 이, 내 한 조각의 결핍을 보완하는 이, 내가 유일하게 '선택할 수 있는 가족관계', 배우자가 될 사람이 들고 있다.

퍼즐 조각의 큰 그림을 쌓아가는 건 오롯이 나 혼자의 힘이되, 완성작품이라 불리려면 마지막 한 조각을 들고있는 배우자를 찾아야만 한다.

언젠간 권태로움을 느끼게 되는, 같은 결론 값이 도출되는 인간의 심리라 할지라도, 찾아야만했다. 사랑해야만 했다. 나의 완성을 위하여. 결국 나를 위하여.

더 나아가 결혼에 대해서 고민해 보았을 때는, 배우자역할은 사업파트너와 같다. 상대가 예측할 수 없는 리스크에 힘들어 할 때, 나는 전폭적인 지지를 하고 의지 될 수 있는 사람이어야 한다. 믿고 기댈 수 있는 유일한 사람 한 명이면 세상은 살만하다. 물론, 역으로도 동일하며,

내가 성공하면 그 성공을 질투하지 않으며, '너가 얼마나 노력하고 힘들었는지 알아' 그런 애처로운 감수성을 안고, 진심으로 축하해 줄 수 있는 사람.

하지만 단 둘만 세상에 존재한다면, 그것은 마치, 찾아오는 이 없는 전시회장과 같다. 사회적 관계망은 아무리 타인이 우리를 힘들고 귀찮게 한다 한들, 놓아선 안 되는 영역이고, 끊임없는 세상과의 교류를 노력 해야만 한다.

노력해야만 한 단 것이다. '노력' 이것들이 얼마나 힘든 지 안다. 그래서 이 힘듦을 함께 해줄 사람이 나타난 지금, 그 기회를 놓칠 순 없다.

미래의 두려움보다 현재의 행복을 아는 사람은, 늘 '선택'이란 것을 할 수 있다. 사랑은 운명이 아니라 선택이다.

그리고 다른 인생의 요소들도 다를 것이 없다.

연애도 결혼도 취직도 창업도 사업도 죽음조차도.

무화과

　전국 백일장이었던가, 무화과가 시제어로 나온 적이 있었다. 무화과를 먹어본 적 없던 나는 꽃이 피지 않는 열매겠거니 대강 추측하며 글을 써내려갔다. 백일장을 제안해주신 선생님이 나를 불렀다. 글은 좋은데, 무화과가 무언지 모르고 썼니, 네 몰라서 대강 썼습니다. 하이, 짜식. 웃음으로 종료된 해프닝에 가까운 나의 백일장. 그 백일장이 문득 떠오른 것은, 비가 공포스럽게 내리던 어제 생무화과를 처음 먹어본 탓이다. 몇 년 아니 몇십년이 흐른 뒤, 생무화과가 나의 어린 시절을 쪼개어 나눠준다. 어딘가에 박혀 있던 나의 기억. 구름을 똑 떼어먹는 질감에, 인위적이지 않은 당도에서 딱 머무는 절제력있는 단 맛. 내가 이걸 진작 먹고 글을 써냈다면, 더 좋은 글이 나왔을까? 두 알째 무화과를 먹는다. 몽글몽글한 꿈을 떼어먹는 과일. 그 백일장 수상자는, 수시로 단번에 들어갈 수 있는 기회였단 것이 잇따라 떠오른다. 내 인생의 단맛을, 확고한 경로를, 일찍 맛 볼 수 있었을까?

무화과

루틴의 의미

"부위별로 운동하면 다음날 딱 근육통이 오는 몸처럼, 내가 신경쓴 부분이 딱 상승해주는 인생이면 얼마나 좋겠어요. 그게 안되니까 인생인거고, 그 이치를 깨달은 사람들이 운동 중독자가 되는게 아닐까 싶어요. 운동만큼 내 뜻대로 되는게 존재하지 않으니까. 그 순리를 깨달은 사람들, 운동중독자들이, 그래서 좋더라고요." 그녀는 어딘가에서 그렇게 말했다.

바쁜 아침, 압구정역 앞에서 전단지를 나눠주는 할머니와 부딪힌다. 나의 소중한 비타민 통이 부셔진 것은 짜증날 일이지만, 전단지를 무시하기에는 미안한 손이었다. 쭈글쭈글한 손이 건네는 전단지를 냉큼 건네받는다. 빨리 퇴근하셔야 하죠? 저한테 20장 주세요. 하고 싶지만 그건 너무 오지랖이다. 어찌됐건, 가만히 있어도 날 미안한 마음 들게 하는 존재들이 있는데, 가령 이 할머니인지 아주머니인지 애매한 나이의 그분들이 그러하다.

가만히 살기만 해도 내게 *죄책감 들게 하는 존재들이, 있다.*

그녀들은 매일 아침 전단지를 건넨다. 그녀들의 루틴. 그 일은 그녀들에게 어떤 의미일까?

매일매일 하는 것들이. 매일 일하기 위해 밥을 먹는 것이. 탕비실 아침 점심에 맛없는 커피를 수혈하는 것이. 가끔 지겨울 때가 있다. 지겹다. 오, 그런데 일을 할 땐 지겹지 않다. 지겹다고 생각하면 도무지 버틸 수가 없을 테니, 책임감 없는 내 모습은 또 용서가 안 되니, 거짓으로 날 무장시킨다.

일을 해야 시간을 더 효율적으로 쓸 수 있어!
일을 해야 미래에 진짜 내 일을 찾을 수 있지!
일을 해야 더 배울 수 있고, 내적인 절제력도 생겨!

확언에 가까운 사이비교의 교리다.
중얼중얼 내뱉어야만 진짜 내 것이 된다.
매일매일 나를 속인다.

그런데 또 우스운 점은, 누군가 내게 일이 어떤 의미세요? 하고 물어온다면, 내게 일은 꽤나 필요하고 긍정적인 가치라고 대답한다는 것이다. 그게 거짓말인가? 아니 *너무나 진심이라는 게 모순이다.* 시간효율을 극강으로 올려주고, 내 하루가 가치 있게 느껴지고, 오히려 더 건강해지는 식습관 운동 패턴, 여유로운 투자 가능, 작은 성취감. 소속감. 또 긍정적인 면을 말하게 된다.

사이비교를 잘 믿은 학습효과인가?

회사에서 마시는 탕비실은 맛도 없고, 카페인만 존재한다. 카페인에서 일을 시작할 수 있는 에너지를 수혈 받는 그 느낌은 아침마다 링거를 꽂고 출근하는 환자와 같다. 이따금씩 기계처럼 반복되는 이 루틴이 이미 AI시대가 나에게 도래해있다. 나는 이미 AI가 아니면 뭔가. 이게 인간이 삶이 맞는가? 이 놈의 잡생각은 끊이질 않으니 N의 성향이 확실하고, 쿡쿡 웃음까지 터진다. 내가 늘 웃음이 많은 것은, 머릿속에 가득찬 잡생각들이 스스로도 어이가 없는 탓이다.

그냥 웃기지 않은가. 살아간다는 게. 얼마나 재밌는 일인지.

싫지도 좋지도 않은 사람들과 매일 평일을 9시간 함께 보내는 것. 차라리 누군가를 싫어하기라도 했다면 더 인간다웠을지 모르겠다. 로그아웃을 누르면 순식간에 타인의 페이지가 되어버리는 검색 엔진 앞에서, 이것이 9시간짜리들의 운명임을 깨닫는다. 요즘 들어 더 자주, 김동식 작가의 회색인간이 떠오른다. 작가님은 나와 같은 나날들을 보낸걸 거야. 그 회색이 건네는 위로와 감응들.

오늘은 웬일로 해가 떴고, 마음에는 구름이 끼었다. 구름을 피하고 싶은 마음은 서울숲으로 '가상의 상상'을 옮겨본다. 울창한 숲, 잎사귀 사이에서 조각나는 빛들, 빛들과 대화하는 잎맥들, 그들처럼 푸르게 살고 싶어지는 날들. 푸르게 살고 있을 나를 상상하는 것. 에이 설마, 평생 하기 싫은 일을 하다 죽지는 않을거야, 스스스 소리내며 흔들리는 희망을 잎자루 뭉터기들 속에서 읽어본다.

회사의 일이란 정말이지 탕비실의 커피와도 같다. 밖에 나가서 내 돈 지불하여 사먹으면 훨씬 더 맛있고 행복한 커피를 마실 수 있단 것을 알지만, 난 항상 탕비실을 이용한다. 지출도 아낄 수 있고, 회사에서 이거라도 뽑아가야지 하는 억지 복지 심보. 나는 분명 외부에 나가면 내가 원하는 행복한 일을 할 수 있겠지만, 회사일에 머물고 있다. 맛없는 커피처럼 맛없는 일. 이 안정감과 쉬운 일에 조금만 더 버텨야지. 억지 복지 심보.

그냥 그렇다. 이게 나의 일이다.

문득, 시간을 이렇게 써도 되는 걸까. 사무실 창가에 부딪히는 빗방울들이 소란스럽다. 장마인지 이상기후인지 모를 것들이 투명한 창문으로 마구 자국을 남긴다. 그 자국에 담긴 내 시간들. 이 빗금들을. 툰드라같은 회사에 가둬놓고 부서지게 둬도 되는 걸까.

늘 이런 잡갈등이 반복되다가 금,토,일에 고삐를 잔뜩 풀고 다시 조이고, 다시 또 다시 반복된다.

이게 너무 싫어서 창업을 기웃기웃거리다가 인스타그램을 통해, 무자본1인브랜딩 어쩌고 저쩌고를 하고 있지만, 사실 이게 나의 연봉을 대체 할 수는 없을 것 같다. 사업수완이 안 좋은 모양이다. 용기가 없는 것이던지

빌라와 아파트들이 나란히 계단식으로 놓여서, 하늘을 나

뉘 사용하고 있었다. 문득, 나의 인생도 공기흐름과 감정을 계
단식으로 나눠 사용한다면, 완벽한 도시뷰처럼 보일 것 같은
기시감이 든다 .

욕심은 양날의 검이다. 잘 휘둘러야만 스스로 찔려 상처입
지 않는다.

루틴의 의미

그때 그 노래

나는 스위스, 베른 툰 바다, 큰 두 산맥, 그 사이로 흘러들어 간다. 유람선은 정해진 갈 길을 유영할 뿐 내 두 발은 가만히, 타인의 인생이 밀려들어오는 영화관의 관객들처럼 두 발은 가만히, 무의식에 빠진 동공은 산과 눈과 에메랄드빛을 집어 삼켰고, 그 파편은 십년이 지나도 부숴지질 않았다

여행하는 내내 나는 짐을 줄여갔다. 심지어 옷과 신발조차도 젖어 무거워지면 버렸다. 물건을 더 사는 일은 없었고, 버리고 버리며 캐리어가 가벼워질 때마다 마음이 더 채워져갔다. 오우 가벼워가벼워! 하며 흡족했다.

여행뿐만아니라 일상에서도 비슷한 면모가 있는데, 냉장고를 열어 꽉 차있다면 불쾌했다. 뭔가 복잡하고 아사리판 같은 기분이 든다. 텅빈게 좋다. 깔끔하고 힙하지만, 적당히 비어있는 것. 어차피 24시간 도처에 모든 것을 구매할 수 있는 시대다. 모든 곳이 나의 냉장고가 아닌가. 모든 곳이 나의 여행길, 추억덩어리 아닌가.

그때 그 노래

혈연

따뜻하고 귀여운걸 보면 나누고 싶어지는 마음, 슬프고 화나는 일이 있으면 고독해지고 싶은 마음, 사계절은 사람의 감정을 본 따서 만든 파노라마일지도 모른다. 정적인 것처럼 보이는 강조차도 결국 바다로 흘러가듯이, 정적인 감정이란 것이 존재하긴 할까. 늘 고요해 보이는 사람도 더 넓게 폭을 넓혀서 바짝 다가가보면, 감정의 진폭을 느끼는 인간일 뿐.

얼굴을 알리고 싶지 않지만 알려야만 성공하는 브랜딩의 정의, 얼굴이 알려지면 알려질수록, 좋은 사람도 많이 만나게 되지만 귀찮은 일이 너무 많이 발생하는 인생의 계산법. 그리고 놓아버리고 싶을 때쯤엔 항상, 생각지 못했던 기회들이 꾸준히 문을 두들겨온다. 기회는 뭘랄까. 정말 힘들 때 먹게 되는 엽기오뎅과도 같다. 그 맵고 강렬한 맛 때문에 포기할 수가 없다. 몸에 해로울 것만 같은 엽기 오뎅 재료들. 머리에 두통이 온다. 마음을 수치화하자면 8:2이다. [8:2] = [소셜모임도 계속 병행할까 : 그만두고 투자자만할까.]

어제는 갑작스레 소화기관이 멈추었다. 아팠다. 아침부터 소화가 안 되더니 두통이 심해져, 퇴근하고 집에 도착해 긴장이 풀리니 아프기 시작했다. 약을 먹고 누웠다. 집안일 운동 창작 독서 늘 하던 계획들을 다 놓쳤다. 아픔을 그제서야 인지하는 몸이 참 기특하기도 하다. 늘 아플 때마다 느껴지는, 세상이 숙연해지는 이 마음.

새벽에 동이 트는 걸 본 것은 아파서, 지나치게 일찍 잠든 탓이었다. 얼마 전 까지만 해도 아침 새소리에 눈을 떴는데, 오늘은 매미 소리에 창문을 닫고 다시 잠을 청한다. 계절이 변한다. 자연의 소리가, 소음이, 청각이 알려준다. 부서지는 햇빛이 벽에 부딪혀 조각난다. 유리 같기도 하고. 빛의 장난 같기도 하고. 동이 트기 전을 무척 사랑하기 때문에 기분이 나쁘지 않은 아침이다. 내가 저런 것들을 사랑해서, 그래서 늘 도전에 목마른 건가. '가만히 있으면 되는데 자꾸만 뭘 그렇게 할라 그래' 라는 장기하의 노래가 번뜩 떠오른다. 늘 목이 마른 이 느낌은 그래도 더 이상 작열하지 않고, 겨울을 좋아하는 특유 취향에 종결된다. 웃긴 게 나는 삶의 균형도 제법 맞추며 살 줄 안다. 정말 웃긴 아이러니다.

엄마가 대상포진이 심하게 걸렸다 했다. 몸은 꾸준히 우리에게 경고를 보낸다. 두통, 구토, 이런 몸의 액션은 분명 나쁜 것들을 밖으로 밀어내기 위한...몸의 노력일 텐데, 대상포진으로 밖으로 드러나도 그녀는 결국 쉬지를 않는다. 그녀의 이야기다. 우리 엄마. 대상포진이 심하게 나서 진통제를 척추 주사 3번, 엉덩이 주사 1번, 링겔을 맞고도 하루만 쉬고 출근하겠다는 그녀는 나의 엄마. 처음엔 일을 그만두는 것을 권했다. 그러나 반려 당했고, 이대로 질 수 없던 가족들의 성화에 그녀는 8일 휴가를 제출하고 푹 쉬겠다고 말했다. 겨우 가족들에게 걱정해 줘서 고맙다고 말하는 그녀의 시계가, 빠르게 흐르고 있다.

엄마에 대한 기억을 새벽 방 벽에 비춰지는 빛 조각을 보며 한 조각 더 꺼내보았다. 아빠 자전거 800만원 짜리는 쉽게 사주면서, 본인을 위한 15 만원 임영웅 콘서트는 가질 못하는 사람. 가지 않기로 마음먹었으면 아예 아쉬워 말지, 가족 외식 자리에서 꺼내서 딸들의 마음을 아리게 하는 사람.

"임영웅 콘서트 너무 재밌었다더라~"
장어집에서 나란히 장어를 먹는데 엄마가 말했다. 서울에 독립해서 살기에, 앞뒤얘기를 모르는 나는 '오 진짜? 임영웅 인기 많지.' 대답하는데, 엄마 쪽을 흘긋 보는 언니의 시선이 어쩐지 심상치 않다.

"그러게 가지 그랬어"

언니가 으유하는 말투로 말했고,

"아니야~ 안가도 돼"

엄마는 무슨 뚱딴지 같은소리냐며 당황했다.

"왜?"

내가 묻는다.

"엄마 친구들이 두 번이나 같이 가자 했는데, 비싸서 안간
다 하고, 계속 저렇게 얘기하는 거야"

언니가 엄마의 비서수행관처럼 내게 보고해주었다.

"엄마 내가 그냥 보내 줄 수 있는데 왜 말 안했어"

엄빠에게, 협력사인지 귀찮은 거래처인지 입지를 잘 파악
할 수 없는 내가 대답한다.

"별로 안보고 싶었어"

아, 앞뒤가 안 맞는 이 느낌. 이게 엄마들의 마음이라면 난
엄마가 되지 않으련다.

왜 그렇게 일을 고집하는지 그녀에게 물었다. 다음 년도 4
월까지 다니면 정년퇴직이고, 정년을 채우면 8개월간 부여되

는 고용 보험 혜택을 놓치기가 아깝다는 것. 그렇게 말씀 하시지만, 사실 목표를 코앞에서 놓치고 그만두는 기분이 어떤 것인지 알기에 나는 수긍했다. 대신 다음 년도 4월에는 꼭 퇴사를 하자는 딜을 얻어냈다.

어떤 상황에서도 의지만 있다면 긍정적일 수 있다는 말은, 제대로 아파본 사람의 측면에서 생각해볼 필요가 있다. 오늘은 너무너무 일찍 일어났으니까 더 옛날기억을 꺼내본다. 어릴 때, 에버랜드 정기회원권을 끊은 우리 가족은, 주기적으로 에버랜드를 가곤 했다. 엄마와 아빠가 일찍 일어나셔서, 감자와 옥수수콘 마요네즈로 샌드위치를 만들어주셨고, 가는 길에 먹고 줄 서면서 먹었다. 예나 지금이나 먹을 것을 아주 좋아하는 가족이랄까. 어릴 때의 샌드위치에 대한 감각은 그리 맛은 없었는데, 그냥 먹으라 해서 먹었다. 이건 비밀이다. 어느 날 부모님들이 물어온다면 맛있었다고 거짓말 해드려야지. 더 뽑아내는 기억 속에서, 엄마 아빠 얼굴에는 주름이 없고, 내가 애교 많은 딸이 아니었으며, 나는 6살이 하기에는 너무 어른 같은 생각들을 하고 있었고, 키즈를 위한 놀이기구는 너무 심심해서 후룸라이드를 기어코 타려고 발끝을 들다가 걸려서 퇴출당하는 아이였다.

지금 엄마의 머리는 머리카락이 듬성듬성 빠져있고, 아빠의 얼굴도 주름이 제법 많다.

*

<시간 그 쓸쓸함에 대하여>

살 갗에 단단한 근육에 앙상한 구조물의 뼈가
한 줌의 재가 되어 흩날릴 때
다시 그 뼈를 이해하고 쌓아 올린 시간의 근육 그물에
당신의 살아온 고통과 인내의 반복을 이해하고
이제서야 피부에 온기를 느끼며 안아줄 만 틈 내 품이
성장했을 때
당신은 바람 속에 흩날리는 존재가 되어
내가 안으려해도 나를.
통과해 버리는 존재가 될 때
그 슬픔.

같은 시간에 살 수 없다는.
슬픔.

*

혈연이 사라진다는 상상을 잠깐 해봤는데, 조금 무섭다.

겪지 않으면 안되는걸까?

달과

0

물 속에서 눈뜨는 것이 두렵던 소녀
수족관 속 물고기의 뜬 눈을 연구하다
눈이 마주친 밤
둥근 동공에 담긴, 둥근 달에
그만,
정이 들어 버린 밤
미끌거리는 몸뚱아리를 낚아 채
바다로, 바다로, 방류해버린 밤

1

페르소나와 에고가 항상 일치해야 한다던 과거의 생각은 접어
두자. 가끔은 여러개의 페르소나가 나의 에고를 위로함을.

-오래된 사람이 내 에고를 제일 잘아는 것 같고, 새로운 사람들은 내 페르소나에 현혹당하는거같아.

나는 내 오래된 친구에게 말했고

친구는 날 가만히 안아주었다.

그게 너무 따뜻해서, 다음에는 나도 그리해야겠다 생각하면서

#2

-우주에 별이 있다면 지구에는 책이 있죠. 둘 중 무엇을 보던 간에, 그것들을 보면 볼수록 겸손해질거에요

나는 그렇게 말하는 A를 바라본다. A는 천문학자라했다. 진짜 천문학자인지 서브직업으로서의 천문학자인지, 그저 취미 생활의 천문학자인지는 가늠할 수 없다. 우리는 딱 그정도의 사이였다. A가 어떻게 생겼는지도 관심없던 나는, 그제서야 A의 얼굴을 천천히 훑어본다. 조금씩 기억에 남기기로 한다.

나는 변화하려는 의지에 대한 환상을 알고 있다. 변화는 모두에게 필요하지만, 필요로하는 순간 바로 일어나지는 않는다. 끊임없이 반성하고, 다시 자신을 파악하고, 호되게 자신을 교육시키

고, 반성하고... 그래야만 겨우 변화할 수 있다. 보통 의지로 바꾸는 것이 아니란 사실을 알아야한다. 우리 각자에게 숨어 있는 힘. 우리는 이 햇빛이 없는 전염병에서의 생활에서 숨은 힘을 찾아가야만 한다.

살 가치가 있는 이유, 진짜 나를 찾아가는 방법.

아직 차가운 바람이 부는 강가에 서서, 소매를 두번 접고 그곳에 우리의 마음을 담는다.

-우리가 어릴때, 우리가 봤던것을. 우리의 순수함을, 다시 상상해보세요.

-우리가 들어온 세상의 출입구를 생각해보세요. 우리의 마음을 다시 써보세요.

-그게 우리의 첫시작입니다.

-나를 바꾼다면, 우리는 세상을 바꿀 수 있을꺼에요.
지나치게 밝은 달 아래에서 우리는, 그런 대화를 나눈다.

아직 바람은 몹시 추웠고, 어둡고, 혼자왔다면 분명 공포를 느꼈을 장소였으며, 별을 보려던 우리의 목적은 달로 바뀐채로.

3

너는 작은 달이다.

점점 큰 달이 될 것이다.

지금 네가 하고 있는 일도 그렇다.

다른 사람에게 작은 달이 되어 주다가

점점 큰 달이 될 것이다.

전통주BAR 오보강
@ohbogang

달과

술

현실적인 작품을 좋아한다.

영화보다 더 영화 같은 믿을 수 없는 일들이 일어나는 곳이 현생이니, 작품은 현실적이어야 마음이 놓인다. 그래 이게 인지상정의 흐름이지. 인생이 다 이렇지. 대중이 안도하게 하고 생각하게 만드는 것.

미나리를 좋아한다. 향이 진짜 너무 좋거든.

그래서 보게 된 영화 미나리는 (실제로도 말도 안되는 사유로 끌리는 영화를 보러 가곤 한다) 잔잔했다. 그리고 나에게는 공포영화보다 공포스러웠다. 내가 무서워하는 것들이 등장한다.

1.병에 잠식당하는 노화, 치매

2.그리고 한 개인을 억척스럽게 만드는 생계유지.

3.그리고 개인의 꿈 실현과 가정의 책임감이 대립하는 구도.

인생은 놓으려하면 한없이 놓을 수 있고
쥐려고 하면 한없이 쥐고 싶어지며
여유로워지려하면 지루하게 한가로워지고
바쁘게 살고자하면 24시간이 통째로 부족해짐을
다시 뼈져리게 느낀다

즉 내 마음가짐의 주제와 속도, 방향성에 따라
도화지에 그려지는 그림이 달라지는 것.

영화 미나리가 주목 받자, 주어진 윤여정의 인터뷰가 너무
맘에 들었던 건, 나의 최근 마인드와 겹쳐서이다.

당장 오늘 하루 열심히 사는 것에 초점이 맞춰져 있다.

윤여정 배우의 영화 후반부 눈빛이 잊혀지지 않는다. 지금 다시 생각해도 눈물나게 만들정도의 세월에 단련된 배우의 눈빛.

어스름한 새벽 같은 하늘 빛 아래, 허허벌판 초원 위의 스티븐연의 담배피던 씬 또 한 인상깊었다. 집안의 가장의 무게.

우리가 앞으로 부딪혀야할 미래일지도 모른다.

사실 이런 생각도 들었다. 불어났거나 불어날 예정인 내 자산을 경험하면서.

자산이 이렇게 빨리 불어날 방법이 있었음에도, 노동가치에 일생을 바친 부모님의 고되었던 여정들을 어찌 해석해야하나. (감히)

스티븐연의 캐릭터를 보며 특히 그런 생각이 짙어져, 참 씁쓸했다.

틈틈이 지인들을 만나 얘기할때면, 정말 각기 다른 인생법으로 가치관으로 각자의 길을 걷는구나 실감한다. 누가 정답인지는 모르겠다. 하지만 누군가 뒤쳐질 것이란 것은 예측이 된다. 닻에 정박되지 못한 배가 서서히….떠밀려가듯이…. 그것마저 자연의 순리이니 (혹은 자본주의의 순리) 적정히 생각만 할 뿐이다. 타인의 인생은 감히 함부로 조언하는 것이 아니니. 침묵은 늘 동행되어야 한다.

엔딩크레딧이 올라가며, 모두가 행복한 결말이었으면 했다. 나는 정말 큰 자산을 끌어모으고 싶어졌다. 우리 모두가 행복한 결말이길 바라고, 그렇게 만들거니까.

<술>

붉은 해를 집어삼키는 구름의 흐느낌
한남동 우사단길 끄트머리에서 붉은 약주 한 잔
붉음을 꿀꺽 마신다
그것은 찰나의 행복
억겁의 세월이 흘러도 변치 않는 것
구름은 항상 흐느끼며 흐른다는 것
늙음이 희노애락이
항상 온다는 것

고통스러워야만 살아있는 존재들
우리는 생채기가 나면
붉은 피가, 반짝 하고 빛난다

전통주BAR 오보강
@ohbogang

작가의 말

창작이라는 것이 누군가 가르쳐준다고 해서 될 일인가? 그것을 잘 알고 있는 곳인 듯합니다. 제 인생에 있어, ISBN을 등록한 정식출판이 처음이자 마지막이 되지 '않을 것'이라는 직감을 얻어 갑니다. 강남글방에서요.

선선한 거리를 유지하는 인간관계의 비법을 이미 터득하신 듯한 강사님과, 잔잔하지만 개성 강했던 주말반 3기 여러분들께 너무나도 감사드립니다.

혼자 했다면 절대 퇴고의 'ㅌ' 도 하지 않았을 겁니다. 함께의 힘, 공동출판 프로젝트를 진행해주시는 강사님께 감사인사드립니다.

너무나도 부족하지만, 글 쓰는 삶을 살겠습니다.

한 시절 한 철

서유진

목 차

일상을 가장한 한철을 지나고, 다시 삶으로 돌아가는 시간

언젠가 먼 미래에 2019년 말-2022년 초를 돌이켜 본다면 아마도 가장 먼저 기억나는 것은 코로나와 마스크일 것이다. 우리는 짧지 않은 시간 동안 많은 것을 잃은 채 지내야 했고, 해가 여러 번 바뀌고서야 조금씩 일상을 되찾아 갈 수 있었다. 이를테면 공항에서 곧 여행을 떠날 사람들의 들뜬 마음을 읽는 일이나, 늦은 밤까지 술잔을 부딪히며 해묵은 이야기를 풀어내는 일들. 몇 년 만에 재개된 벚꽃축제에서 봄을 누리고, 여러 무대가 열릴 페스티벌을 설레는 마음으로 기다리는 일 같은 것들. 코로나 이전과 온전히 같을 수는 없겠지만, 그래도 한 시절 동안 우리가 잃어버린 채 살아야만 했던 것들이 하나씩 삶으로 되돌아오고 있다.

2년이 넘는 긴 시간을 메웠던 건 질병과 죽음에 대한 공포, 삶의 통제력을 잃어가는 무력함 이었다. 가족과의 만남조차 제한되고, 그리운 친구들에게 "마스크 잘 쓰고 다니고. 코로나 괜찮아지면 다 같이 보자."는 이야기로 다음을 약속해야만 했던 시기. 대학에 갓 입학한 새내기들이 캠퍼스를 누리지 못 하고 비대면 강의로 방 안에서 동기들을 만나야 했던 시기였다. 계절이 바뀌고 해가 바뀌어도 감염에 대한 공포는 이어졌고, 그렇게 시간이 지날수록 공포는 무기력함으로 변해갔다. 삶에 대한 통제감을 잃은 것이 가장 큰 원인이었다.

한 때 우리는 이 시기를 바로잡을 수 있을 것이라는 기대감 같은 것을 가지고 있었다. 국내에 두 번째, 세 번째 확진자가 나왔을 때에는 그의 자취를 낱낱이 공개하고 역학조사를 실시했었다. 여름쯤이면 마스크를 벗을 수 있을지도 모른다는 기대와 함께, 내가 조심하기만 한다면 피해갈 수 있을 것이라는 희망이 있었다. 하지만 이 펜더믹의 시기가 길어지고 국내 일일 신규 확진자 수가 30만명을 넘어 60만명에 이르는 때에 오자, 가장 마지막으로 잃게 된 것은 삶에 대한 통제력이었다.

이 질병은 언제든지 걸릴 수 있는 것, 특별히 무언가를 조심하지 않았다거나 잘못해서 걸리는 것이 아니라 누구나 걸릴 수 있는 것, 그 다음 차례가 내가 될 수도 있는 것이 되어 있었다. 여지껏 코로나에 걸리지 않았던 것은 '단순히 운이 좋아서'로만 설명할 수 있을 뿐이었다. 이런 큰 불확실성은 꼭 짙은 안개 속에 오래도록 서 있는 것과 비슷했다. 안개가 언제 걷힐지 알 수 없고 나의 주변마저 온전히 볼 수 없는 상황이라, 발길은 주춤거리게 되고 내가 나아가는 이 길이 맞는 방향인지도 의심케 되는 무력한 시간이었다.

짙은 안개가 낀 것 같은 이 시기를 보내며 배울 수 있었던 것은, 아무리 지독한 상황과 감정들이라도 영원하지 않으며 우리는 일상으로 돌아갈 수 있는 힘이 있다는 것이다. 여전히 이 시기의 끝은 알 수 없다. 어쩌면 계절성 독감처럼 우리의 생활 속 한 부분으로 스며들 수도 있다. 하지만 한 가지 확실한 건, 명절에도 가족들과 모일 수 없던 일, 낯선 곳으로 여행을 떠나는 것이 사회에 폐가 되는 일, 한 공간에 있는 이름 모를 누군가를 경계하며 마스크를 고쳐 쓰는 일, 봄이 시작되는 시기에 사람들이 모여들 것을 우려해 유채꽃밭을 갈아엎고 이를 '완벽한 대응'으로 부르는 일, 이런 일들은 결코 우리가 살아가는 본모습이 아니라는 점이다.

그 보다는 오랜만에 함께한 식구들과 든든히 밥을 먹고, 함께 공유하고 있는 기억들을 추억하며 웃다가 조금은 눈물짓는 일, 나란히 둘러 앉아 고스톱을 치거나 윷놀이를 하며 내기를 하던 일, 조화와 청주를 사서는 성묘를 가는 일이 우리의 일상이었다. 공항이나 휴게소에서 사람들의 들뜬 표정만으로도 그들이 여행길에 있다는 걸 알 수 있던 때가, 그렇게 낯선 누군가의 행복이 주변으로 퍼져나가 그들을 바라보는 것만으로도 덩달아 웃음 짓게 되던 일이 우리의 일상이었다. 계절이 바뀔 적이면 저마다 매해 들리는 장소로 찾아가 봄이나 가을을 누리는 일이, 제철음식을 먹으러 가자며 좋아하는 사람들과 시간을 맞추는 일이 우리가 삶을 살아가는 본모습이었다.

　2022년 4월에서야 우리는 다시 삶을 되찾아 가고 있다. 언젠가 다시 삶의 통제력을 잃는 듯한 무기력한 시기가 찾아오더라도, 우리의 본성을 잊지 않는 힘을 가졌으면 한다. 가끔은 숨을 고르고 뒷걸음질을 쳐야만 제대로 볼 수 있는 것들이 있다. 커다란 구(球) 앞에 서면 나의 시야가 온통 한 표면으로 채워져 눈앞의 것이 무엇인지 알 수 없게 된다. 몇 발짝 뒤로 물러나야만 구의 형체를 볼 수 있다. 그처럼 삶에서 크고 작은 일들이 당장 나의 눈앞까지 다가와 있을 때, 잠시 큰 숨을 들이마시고 몇 걸음 물러설 수 있는 힘이 우리에게 있었으면 좋겠다. 그렇게 살아가고 있는 지금 이 시간들을 온전히 볼 수 있었으면 좋겠다. 나의 하루가 똑같은 일들로 반복되는 것처럼 느껴지더라도, 늘상 해오던 고민들이 해소되지 않은 채 계속 이어지는 것처럼 느껴지더라도, 삶이 생기를 잃어 무력함이 일상처럼 느껴지더라도. 실상은 이것이 영원한 무엇이 아니라 지나가는 한 철에 불과하다는 것을, 우리 삶을 메우는 것은 훨씬 더 넓은 세상이란 것을 자주 알아차릴 수 있었으면 좋겠다. 그렇게 우리를 둘러싼 세상을 가만 바라보다 그 뒤엔 다시 우리의 삶으로, 작은 행복들을 누리던 우리의 본모습으로 돌아갈 수 있었으면 한다.

5월에는 밤 산책이 제격

"이제 정말 날씨가 여름 같더라". 봄의 끝자락이자 여름의 시작인 5월, 이 시기는 어떤 단어가 가장 알맞을까. 왜인지 5월을 가만 떠올려 보면 마음이 바빠지다가도 차분해진다. 계절이 바뀌는 시기라 그런 것일지 넘겨 짚어보려 해도 어쩐지 5월은 다른 때보다도 이리저리 더 바쁘고 수선스럽다. 한낮을 들뜬 상태로 보내면, 하루의 끝에는 조용히 밤 산책을 다녀오자고 약속하고 싶은 시기이다.

늦봄이라고도 불리고 초여름이라고도 불리는 이 5월에는 해야 할 일들이 퍽 많다. 절기가 바뀌는 시점에 맞추어서 긴 옷들을 정리하고 얇은 옷을 꺼낸다. 이불 빨래까지 마치고 나면 '모처럼 대청소나 하자'며 옷소매를 걷어 올리기 일쑤다. 그렇게 버릴 것과 간직할 것들을 구분 짓다 보면, 그 과정에서 잊고 지냈던 무언가를 발견하기도 한다. 이를테면 지난여름 동안 즐겨 입었지만 기억에서 완전히 지우고 있었던 옷을 찾아내는 경우들이 있다. 버리는 것이 나을지 잠깐 동안 저울질 해보지만 대개는 이미 마음이 기울어져 있다. 추억이 많아서 버릴 수 없다는 이유를 덧대며 간직하는 쪽을 선택한다.

하물며 옷 하나에도 그 당시의 하루가 묻어있는데 다른 것들은 오죽할까. 선물 받은 물건들이나 편지, 인화된 사진 같은 것들이 갖는 무게는 더욱 크다. 다른 것보다도 그 당시를 함께하며 건네받은 마음들이 너무도 묵직하게 선명해서 아무리 시간이 지나더라도 마음이 쉽게 기울어버린다. 짐들을 정리하면서 그 물건들에 엮인 기억들을 더듬어 보면 몸은 몸대로 분주해지고, 마음은 추억들로 한껏 차서는 가득해진다. 분명 일몰 시각이 지난 달 보다 늦어졌으니 하루가 길어진 것이 분명하지만, 몸과 마음이 바빠서인지 하루가 되레 짧아진 기분마저 든다. 지나간 기억들로 마음이 말랑말랑해지면 밤 산책을 나가지 않고서는 배길 수 없게 된다.

밤 산책은 나에게 낮 동안의 소란스러웠던 마음을 조금 덜어내고, 그 비워낸 자리만큼을 주변으로부터 새로이 알게 된 것으로 채우는 시간이다. 가장 기억에 남는 밤 산책은 언젠가 자정이 다 되어가는 시간에 석촌호수를 걸은 날이다. 2주가 넘는 시간을 불면증으로 고생하던 때였다. 다 지나간 시간들이 불쑥 떠오르고, 아무렇지 않게 흩어진 말들이 오래도록 마음에 맴돌았다. 그러면 머리를 대고 눈을 감은 채로 몇 시간을 누워있어도 잠에 들기가 어려웠다. 그 날 역시 '기어이 오늘도 새벽까지 내내 깨어 있겠구나. 이렇게 된 거 그냥 호수나 몇 바퀴 돌고 오자. 몸이 지치면 30분이라도 일찍 잠에 들겠지'라는 마음으로 집을 나섰다. 체력이 바닥나서 잠에 일찍 들 것이라고 예상했었지만, 집으로 돌아오는 길에 달라져 있던 것은 체력 보다는 마음이었다. 밤 산책은 너무도 다채로워서 내가 나의 감정에 몰두하느라 보지 못 했던 내 주변을 똑바로 보게 했다.

석촌호수는 때를 가리지 않고 늘 사람들이 많다. 그러니까 평일의 낮에도, 주말의 밤에도 그곳은 늘 북적인다. 많은 사람들이 호수를 걷는다는 것은 같지만, 한밤중의 산책은 한낮의 것과는 정서가 다르다. 5월의 낮 산책은 초여름에 가깝다면, 밤 산책은 늦봄에 가깝다. 햇살을 받으며 산책하는 대낮의 산책은 사람들의 걸음걸이마저 열기가 올라 청량한 느낌이 그득하다. 밤은 조금 더 다채롭고 마음이 선선해지는 느낌이다. 밤 11시가 넘어 호수를 걷는 시간에는 발걸음마저 다양하다. 연인과 손을 잡고서 걷는 이들의 발길은 느리고, 동화 같은 얼굴로 아빠에게 뛰어가는 아이의 발길은 가볍다. 조깅을 하는 사람들은 길을 가볍게 지나쳐 가고, 어딘가 마음이 몽글몽글해져 산책을 나온 사람들은 조금은 무거운 걸음으로 걷는다.

밤 호수를 메우는 소리도 다양하다. 동호와 서호를 잇는 다리 밑에는 피아노가 있다. 그 길목에선 꼭 밤과 잘 어울리는 부드러운 연주가 퍼진다. 그 곁에 자리를 잡고 앉은 사람들은 조용히 이야기를 나누다 대화를 멈추고는 노랫소리에 집중한다. 중간중간 위치한 작은 광장에서는 또 다양한 소리들을 들을 수 있다. 고요한 새벽에 가만 귀를 기울여 보면 산책하는 사람들의 작은 말소리들이 이따금씩 들리고, 등 뒤로는 늦은 밤 배드민턴을 치는 가족들의 '팅통-팅통' 공 주고받는 소리가 들린다. 풀벌레 우는 소리와 호수의 오리들이 내는 울음소리가 들리다가도, 잠깐씩 아무 소리도 퍼지지 않는 짧은 정적들도 있다.

이런저런 소리에 집중하고, 발걸음이 각기 다른 사람들을 가만 바라보다 보면 다른 사람들은 어떤 마음을 가지고 이곳으로 왔을 지가 궁금해진다. 이렇게도 많은 사람들이 저마다의 사연을 가지고서 같은 공간을 걷고 있다는 것을 생각하면 마음 어딘가가 가벼워진다. 낮 동안 소란스러워 마음에 신열이 났던 것이 식어가는 기분. 지금의 나의 사연들은 잠 못 들게 하지만 시간이 지나면 다 괜찮아질 것이라는 직감. 이 많은 사람들이 밤 산책을 나오게 된 이유들과 비슷한 이유로, 언젠가 나도 늦은 밤 산책을 다시 할 수 있을 것이라는 기대감. 산책을 나서기 전에 묵직하게 자리 잡혀있던 무언가를 덜어내고 새로운 것들을 채워나가며 마음이 크게 전환되었다.

그 이후로도 몇몇 번 밤 산책을 다니다 보니 시간이 흘러 5월에는 본가 근처에서 늦은 산책을 다녀올 기회가 생겼다. 이번은 혼자가 아니라 가족들과 함께였다. 광안리 산책길을 따라 조금은 뛰어보기도 하고, 조금은 빠른 걸음으로 걷다가, 공원에 잠시 앉아서는 바다를 바라보다 사람들을 구경했다. 속에 담아 둔 이야기를 가족들과 조용히 나누기도 하고, 인적이 드문 요트 선착장까지 걸어가 엄마와 나는 밤 체조를 하기도 했다. 라켓으로 공을 주고받을 때같은 '핑퐁-핑퐁' 소리가 울려 퍼지지는 않았지만, 그래도 우리의 소리들은 잘 어우러졌다. 차분하게 동작을 취하시며 일정하게 호흡을 내뱉으시던 엄마의 소리와, 엄마의 앞선 동작을 분주히 따라하던 나의 소리, 그 모습을 가만 지켜보다 웃음 지으시던 아빠의 소리가 한 데 어우러졌다. 남동생까지 함께 했다면 더없이 완벽한 시간이었을 거란 아쉬움만 조금 남았다. 돌아오는 길에는 앞으로도 5월에는 밤 산책을 좀 더 자주 나와야겠다는 생각이 일었다. 어수선한 마음들을 털어놓고, 그 자리가 늦은 저녁에야 들을 수 있는 소리들과 다른 사람들의 살아가는 모습으로 채워지는 시간. 그리고 다른 사람들의 살아가는 모습 속에서 나의 미래를 그려보는 시간을 가지다 보면 돌아오는 발걸음이 가벼워지는 시간. 아무래도 나에게 복잡미묘한 이 시기, 5월에는 밤산책이 제격인 것 같다.

어떤 일이 이루어지던 곳
어린 나를 키운 동네, 진해

늘 그랬지만 요즘도 꿈을 자주 꿉니다. 최근 들어 달라진 점이 있다면, 간밤의 꿈이 기억에 은은하게 남아서 자꾸만 뒤를 돌아보게 된다는 점입니다. 요즘 꿈에는 그리운 사람들이 부쩍 많이 나옵니다. 그리운 장소들도 여럿이구요. 꿈속에서 저는 행복했던 시절로 돌아가 그 날과 같은 하루를 다시 보내곤 합니다. 한바탕 꿈을 꾸고 일어나면 꿈이 너무나도 현실과 닮아 있는 탓에 몇 초를 멍하니 있게 돼요. 눈을 말똥이 뜬 채로 누워서 가만히 생각을 하다가, 뒤늦게서야 '아, 꿈이었구나...'라며 짧게 내뱉고 다시 눈을 감습니다. 이상한 건 요즘 이런 꿈들을 꾸고 나면 사흘이 지나고 나흘이 지나도 그 꿈들이 문득 생각이 난다는 겁니다. 그러면 저는 괜히 또 지난 일기장들을 들추어 보거나, 휴대폰 앨범에서 지워진 지 오래인 사진들을 찾고자 드라이브를 뒤져보곤 합니다.

가장 그리운 때는 진해에서의 날들입니다. 진해는 꼭 제가 마음으로 나고 자란 고향 같아요. 고향의 사전적 정의를 찾아보니 세 가지 뜻이 나옵니다.

고향 (故鄕)
; 1. 자기가 태어나서 자란 곳
; 2. 조상 대대로 살아온 곳
; 3. 마음속에 깊이 간직한 그립고 정든 곳

진해는, 제가 부산에서 태어난 이후로 대전이나 천안에서 자라다가 여덟 살 무렵에 이사를 간 곳이었지요. 초등학교까지를 그곳에서 자랐으니 꽤 오랜 시간이긴 합니다. 그렇지만 제가 태어난 곳인 부산보다도 더 애틋한 마음이 들고 그립다니 어딘가 신기합니다. 또 스무살에 올라와 제 20대를 함께한 서울보다도 더 가깝게 느껴지고요. 어쩌면 저처럼 나고 자란 곳보다도 더 마음 깊이 정이 든 곳을 간직하신 분들이 계시겠지요. 꼭 저희 같은 사람들을 위해서 '고향(故鄕)'의 가장 마지막 뜻풀이가 있는 것인지도 모르겠습니다. 그런 뜻풀이를 보면 진해는 제가 마음속에서 가장 깊게 간직하고 있는 곳이라 고향이라 부르는 것이 맞을 것 같기도 합니다.

그 당시 제가 살던 마을은 진해 안에서도 꽤 변두리에 위치해 있어 교통이 좋지 않았습니다. 지하철은 고사하고 버스도 마을버스가 전부였지요. 하지만 사실은 그런 건 필요하지도 않았습니다. 동네가 워낙 작기도 하고, 사람이 살아가는 데 필요한 모든 것들이 그 작은 곳에 옹기종기 모두 모여 있었기 때문입니다. 한 동네에 사는 어린이들이 같은 초등학교에 다니고 같은 중학교로 진학하는 곳. 동네에서 마주치는 분들은 모두 이웃어른이라며 지나가면서도 수어번 인사를 하는 것이 미덕인 곳이었습니다. 또 아파트들은 학교를 중심으로 모여 있었던 곳이죠. 저와 제 또래 아이들은 하교 후면 약속처럼 아파트 단지 내에서 다시 모이곤 했습니다.

단지 내에서 할 수 있는 놀이들은 그렇게 많지 않았습니다. 인라인스케이트를 타고선 <경찰과 도둑>을 하며 동네를 헤집고 다니거나, 미끄럼틀이 있는 놀이터로 모여 <옥상탈출>을 하거나, 그도 아니면 납작한 돌을 집어다가 <땅따먹기>를 하는 것이 전부였습니다. 이런 놀이들은 계절과 상관없이 내내 이어졌어요. 봄이건, 여름이건, 가을이건 마음이 내킬 때면 큰 숨을 들이 마시고서 "경찰과 도둑 할 사람!!"이라고 소리치면 그만이었습니다. 어디선가 하나 둘씩 또래들이 슬그머니 나와 늘 놀이는 이어졌으니까요. 땀을 흘리는 놀이가 주였던 그 당시에도 제법 정적인 순간들이 있었습니다.

낮의 정적인 놀이는 단지 내 풀밭에서 이루어졌습니다. 나무가 심어진 곳 근처에서 풀꽃을 찾는 것으로 내기를 하는 일이었습니다. 여럿이 무릎을 쭈그리고 앉아서는 한참을 들여다보며 네잎클로버를 찾아댑니다. 승자가 나오는 건 열에 한 번은 되었을까요. 보통 열에 아홉은 네잎클로버 대신 엉뚱하게도 여치를 잡아서는 옆 친구를 놀래키는 일로 끝났습니다. 하지만 저희는 승자가 나오지 않는 그 놀이를 오래 동안 이어갔어요.

저녁의 정적인 놀이는 특정 멤버로만 진행이 되었습니다. 저와 제 남동생, 그리고 맞은편 1단지 아파트에 사는 세 자매 친구들과 다섯이서 함께 하는 놀이었습니다. 세 자매 중 가장 나이가 어렸던 막내는 제 동생 보다 나이가 두어살 더 적었습니다. 첫째 언니와 둘째 언니에게 예쁨을 받다가도 나이가 너무 어려 소외를 당하던 막내는 유난히도 저를 잘 따랐습니다. 그렇게 저희 다섯은 저녁이 되면 아파트 야외 주차장에 나란히 앉아 고개를 치켜올렸습니다. 밤하늘을 보면서 저희끼리 별자리를 만들어 내곤 이름을 짓는 놀이였습니다. 대각선으로 나란히 떠 있는 별 세 가지에는 세 자매들의 이름을 따다 붙였습니다. 셋 중에 가장 크고 밝게 빛나는 별에다가 막내의 이름을 붙여주었지요. 물론 저와 제 남동생도 어느 별들에 저희 이름을 붙였고요.

그 시절의 순수한 마음들이 소중하고 또 그립습니다. 길을 지나가다가도 나이가 많은 분들께는 고개 숙여 인사를 드리던 때가 정겹습니다. 계절을 가리지 않고 낮이면 마음이 내키는 대로 또래들을 불러 모아 한바탕 뛰놀던 때를 생각하면 마음으로 웃음이 납니다. 저녁밥을 먹으러 들어가기 전까지, 그러니까 노을이 질 쯤까지 동네에는 온종일 어린애들 노는 소리가 울려 퍼졌습니다. 신이난 목소리와 한껏 웃어 대는 소리들을 떠올리면 어딘가 마음이 풀어지는 기분이 듭니다. 그렇게 저녁이 되어 동네가 조용해지면, 저와 제 동생 그리고 1단지의 세 자매들이 몰래 모여서 밤하늘을 바라보던 기억이 애틋합니다. 별을 바라보다 저 마음대로 이름을 붙이고, "이 별은 내 별이고, 저 별은 너 줄게"라고 당돌하게 얘기하던 때가 그리워요.

중학교 때 저는 부산으로 이사를 나왔습니다. 고등학생 때까지는 일 년에 몇 번씩은 제 마음 속 고향인 이곳을 찾아왔는데요. 지금은 좀처럼 쉽지가 않습니다. 이제는 그 곳을 마음속에 묻어 두고자 합니다. 제가 추억하는 그 당시와 너무나도 많은 것이 변해서일까요. 저희보다 일찍이 진해의 그 작은 동네에서 터를 잡으셨던 외할머니께서 몇 해 전 돌아가셔서일까요. 진해시는 창원시로 통합되고 이제는 진해구로 불립니다. 초등학교 앞에 있던 바다는 간척되어 빌라나 상가들이 들어섰고요. 이제는 유명 프랜차이즈 카페나 식당들도 더러 들어왔습니다. 그 대신 사라진 것들도 있어요. 어린 자녀를 키우는 젊은 부모들은 진해의 그 곳 대신 더 큰 도시로 떠나갔습니다. 그래서 그 곳의 낮에는 더 이상 어린애들 노는 소리가 전처럼 울려 퍼지지 않아요. 함께 놀던 어린 시절의 또래 친구들도, 저를 사랑으로 키워주신 외할머니께서도 이제는 그 곳에 없습니다. 앞으로 살아가면서 진해의 그 곳을 몇 번이나 더 찾을지 잘 모르겠습니다. 그렇지만 한 가지는 분명합니다. 이따금씩 꿈에 그 시절의 일들이 되풀이 될 때면, 저는 여지없이 가족들과 함께 저녁을 먹으며 그 날들을 안주삼아 이야기 나눌 것입니다.

어떤 일이 이루어지던 곳
할머니 품속의 거실

"마음이 갑자기 불안해질 때 잠시 마음을 피할 수 있는 마음 안전지대를 만들어 보면 좋을 것 같아요. 그 곳은 실제로 가보셨던 장소여도 좋고, 평소에 가보고 싶으셨던 곳도 좋고, 아니면 가상의 공간을 만들어도 괜찮아요. 유진씨는 지금 어떤 곳이 떠오르시나요?"

스물일곱에서 스물여덟으로 넘어갈 즈음부터 나는 아프기 시작했다. 정확하게 말하자면 그 이전에 여러 일들이 있었지만 마음이 힘들었던 일들을 덮어두고 넘겼더니, 속에서 곪아왔던 것이 스물일곱이 되어서야 터졌다. 나름 나아지기 위해서 부단히 노력을 하고는 있었다. 그래도 심리학을 전공했으니 비교적 상담치료나 약물치료에 대한 거부감은 적었다. 추천 받은 병원을 가보고 또 인지행동치료를 전문으로 하는 상담사님께 얼마간 상담도 받았다. 그래도 어쩐 일인지 마음은 좀처럼 안정되지가 않았다. 그 기간을 반추해보자면 꼭 온 세상이 빛을 잃은 흑백영화 같았다. 소리들은 귀에 머물 수가 없어서 주위 사람들이 건네주는 이야기들이나 일상에서의 주변 소리들도 제대로 들을 수가 없었다. 음소거가 된 세상을 사는 마냥 적막했다.

어느 날 저녁에는 갑작스럽게 불안수준이 높아져서 잠을 이룰 수가 없었다. 처방받은 약을 먹더라도 지금의 이 감정이 진정되지 않을 것 같다는 공포가 일었고, 가슴은 또 그만큼이나 불안하게도 크게 뛰었다. 이런 실체 없는 공포감은 나를 무력하게 했다. 그 다음 병원 진료에서 있었던 일을 토로했다. 입을 떼기가 벅차서 말을 더듬어가며 이어 나갔다. 마음은 공허했고 어떤 감정도 일지 않았다. 지금의 나의 상황이 두렵다거나, 슬프다거나, 내가 이렇게 된 데에 기인한 과거의 날들을 떠올리며 화가 난다거나, 체념이나 상실감 같은 그 어떤 감정도 느껴지지 않았다. 치료를 받는 과정에서도 가장 중요한 것은 치료에 대한 나의 의지라고 생각해왔지만, 마음의 중심이 흔들리고 그 자리에 불안이 가득 찰 때면 나를 잡아줄 수 있는 것이 부재했다. 그런 때만큼은 처방받은 약도, 상담도, 주변에서 깊은 감정으로 나에게 마음을 써주는 것도 그 상황에서는 잘 들지 않았다. 나의 이야기를 들은 의사 선생님께서 그 날 아무래도 마음의 안전지대를 만드는 것이 좋겠다며 질문을 던지셨다.

눈을 감고 깊은 숨을 들이마시고 내쉬었지만 여전히 깜깜하고 아무것도 보이지 않았다. 뚜렷이 기억나는 곳이 없었다. 그러니까 요 근래에 특별히 가고 싶었던 곳도 없었고, 가상의 공간을 만들어낼 정도로 마음의 여유가 있지도 않았다. 도무지 떠오르는 게 없어서 힘들 것 같다고 말씀을 드리려던 찰나에 한 장면이 떠올랐다.

그 순간 딱 떠오른 장면은, 할머니 품속에 안겨 있었던 열아홉살의 겨울이었다. 수능이 끝나고 이제 며칠 후면 서울로 올라가야 했다. 꿈꿨던 학교에서 원하는 전공 공부를 할 수 있다는 그 시작이 설레면서도, 집을 떠나서 연고 없는 타지로 혼자 올라간다는 것이 어딘가 두려웠다. 괜히 마음이 허전해져서 오늘은 내 방이 아니라 거실에서 자겠다고 말씀을 드렸다. 엄마나 아빠는 그렇게 하라는 말을 짧게 던지신 뒤 다시 대화를 이어나가셨다. 할머니는 요와 이불을 챙기는 나를 가만 바라보시다, 거실에서 할머니랑 같이 자자고 말씀하셨다. 거실 바닥에 요를 깔고 베개 두 개를 챙겼다. 할머니께서 먼저 누우셨고 나는 할머니 품에 안겼다. 할머니 품에서는 할머니 냄새가 났다. 내가 좋아하는 그 냄새. 할머니 옷에서 나는 마음이 편해지는 따뜻한 냄새.

할머니는 내가 말하지 않아도 늘 내 마음을 먼저 알아차려 주셨다. 가만 할머니 품에 안겨 있는 동안 할머니께서는 내 등을 토닥여주셨다. 그리곤 ”유진아, 서울 가지 말고 할머니랑 같이 있자. 이렇게 올라가면 보고싶어서 어쩌냐. 섭섭해서 어쩌냐. 그렇게 먼 곳으로 가면 또 언제 볼 수가 있겠나“며 작게 말씀하셨다. 며칠 전까지만 해도 손녀딸이 서울로 대학을 간다며 노인정에 한 턱을 내셨던 할머니께서 나를 꼭 끌어안으시다 눈물을 연방 손등으로 훔치셨다. 그 길로 나도 할머니 품속에 안겨서 한참을 울었다. 나조차도 몰랐던 내 마음을 어루어 만져주시고, 나에게 필요했던 말을 할머니께서 건네주셨다. 그렇게 늦은 밤 할머니 품에서 평온하게 누워 있다 서럽게 울던 그 날이 생생하게 떠올랐다. 할머니께서 나를 끌어안아주시던 그 때의 할머니 냄새, 할머니 품속의 포근함, 할머니께서 다독여주시는 손길에 나도 모르게 눈물이 와락 쏟아진 그 날. 그 날의 기억은 모든 것이 다 괜찮아지는 시간. 그 날의 시간은 나에게 영원히 머물 수 있는 시간, 한없이 위로가 되는 시간. 할머니 품속에서 잠들었던 그 날의 거실이, 할머니의 그 품속이 나에게는 마음 안전지대였다.

　　그 이후로는 병원에 몇 번 가지 않았다. 약물치료나 상담치료가 나에게 많은 도움이 된 것은 분명하다. 멋대로 치료를 종결한 것은 바람직하지 못 하지만 나는 충분히 그 과정에서 큰 의미들을 다시금 찾았다. 나의 생활습관을 다시 잡아나가면서 몸이 건강을 되찾을 수 있게 된 점과, 내 마음이 흔들릴 때 나를 지탱해줄 수 있는 일상의 행복한 순간들에 집중할 수 있게 된 것, 마음의 중심을 잃고 불안이 밀려들 때 잠시 마음을 피할 수 있도록 마음 안전지대가 생긴 것. 함부로 나의 상태를 진단할 수는 없는 것이겠지만 지금의 나는 긴 터널을 빠져나왔다는 확

신이 든다. 더할 수 없을 정도로 힘든 시간을 보냈었는데 이제는 그 시간의 끝에서 과거를 돌이켜 본다. 감당할 수 없었던 그 감정들과 무망감이 과거가 된 이 시점에서.

나를 치유해준 것들은 일상에서의 소소한 일들이었지만, 너무도 큰 시간들이었다. 조금이라도 운동을 하고 내 주변을 돌보는 것, 제 때에 식사를 챙기는 것, 나의 감정을 환기시키고 내 주변을 돌아보며 짧막하게라도 글을 쓰는 것, 그리고 정말 힘이 들 때는 지나간 장면들을 돌이켜 보는 것. 실체가 없는 감정들까지도 모두 용해될 수 있는 할머니 품속을 떠올리는 것이 나에겐 치유법이었다. 모든 것이 무해한 시간. 할머니께서 마음으로 나를 안아주셨던 그 날을 떠올리는 일. 그 시간을 떠올리는 것만으로도 내 마음은 위로 받고, 용서 받고, 힘을 얻었다. 삶이 정말이지 버거워질 때면 그 날 할머니께서 건네주셨던 무한한 마음을 떠올린다. 앞으로도 열심히 살고 주변에 좋은 영향 끼치는 자랑스러운 손녀로 살다가 갈게요, 할머니.

어떤 일이 이루어지던 곳
풍화일주로, 산양일주로

통영의 굽이진 산양일주로
길모퉁이를 어지럽게 돌면 잇따라 조금씩 보이는
색이 다양한 단층짜리 집들의 낮은 지붕과
그 너머로 보이는 한가로운 바다와
눈앞은 푸르스름한 산의 모습

통영의 5월은 넓게도 펼쳐져
대교 너머의 작은 마을에도 봄이 으레 닿았고

평화로운 마을 소리
찰나를 담은 듯한 그 고요함 속에서도
바다는 부단히 햇살에 조각나고
통영의 케이블카는 손톱만큼씩 부지런히도 움직인다

올 해에는 유독 통영에 갈 일이 잦았다. 부산에서 통영까지는 차로 2시간 조금 넘는 시간이 걸렸다. 오후의 옅은 파랑을 띠던 하늘이 좀 더 짙은 색으로 바뀔 때까지 운전을 했고, 통영에 도착해서는 가장 먼저 엄마아빠가 작업 중이신 현장으로 갔다. 길목엔 바다가 있고 그 위로는 작은 물새들과 큰 배가 떠있는 영락없는 통영바다. 별장으로 쓴다는 공사현장의 1층에는 경진수산이 있는 곳. 바다 냄새와 생선의 비린 냄새가 곳곳에 섞여 있었다. 철문을 열고 가파른 계단을 올라가야 하는 2층의 그 별장은 한창 공사가 진행되고 있는 중이었다. 집 앞은 쓰레기를 담은 포대자루와 먼지들이 쌓여 있고, 또 다른 한 편에는 시공을 기다리고 있는 실측된 선들이 자리잡고 있었다. 그 현장에서 작업이 이루어진 내용들을 점검하고, 필요한 것들을 체크하는 엄마의 모습엔 엄마의 능력에 대한 당신 스스로의 당당한 자부심이 배어 있었다.

통영 공사에는 2주는 족히 걸릴 것으로 예상했기에 엄마아빠는 통영에 숙소를 얻으셨다. 부둣가를 따라 가다 좁은 골목길을 오르면 키 낮은 주택들과 4층짜리 빌라들이 얽혀 있는 동네에, 좀 전보다도 더욱이 비좁은 길들을 지나야 나오는 상아색의 오래된 맨션이었다. 주차장은 돌밭이라 올라가는 길이 시끄러웠고, 차에서 내리면 곳곳에서 강아지 짖는 소리가 들리는, 등 뒤로는 높은 산과 눈 옆으로는 소나무숲이 보이는 곳이었다. 스물셋에 처음 왔던 통영과는 또 다른 느낌의 통영이었다.

주말 7시

내가 통영을 처음 왔던 스물 셋에는 막연한 동경 같은 것이 있었다. 그 당시 한창 즐겨 있던 책에서는 통영을 시인들이 사랑했던 도시로 설명하고 있었다. 대체 얼마나 좋은 곳이기에 달짝한 별명까지 붙었을 지가 궁금해 친구들에게 통영에 가자고 이야기 했다. 그 때는 면허도 없던 때. 택시를 타거나 버스를 타고 닿기 좋은 곳으로만 찾다보니 사실 통영의 그 정취를 온전히 누릴 수가 없었던 때였다. 동피랑 벽화마을처럼 유명한 관광지를 찾거나, 사람들이 많이 다녀갔다는 달동네의 루프탑 카페에서 맥주를 마시거나, 게스트하우스에서 열어주는 저녁 파티에서 이곳을 함께 찾는 낯선 사람들과 말을 섞고 술을 마신 기억이 전부이다. 여하튼 나에게 그 시절의 통영은 이런 기억으로 남아 있다. 어린 날의 취한 저녁이 먼저 떠오르는 여행지. 5년이 지난 지금 다시 찾은 통영은 사람 사는 고요함이 가득한 삶의 터전이었다.

통영의 아침은 닭 우는 소리로 시작했다. 사실 비단 아침만 우는 것이 아니라 늦은 오밤중, 새벽에도 시간을 가리지 않고 닭 우는 소리가 퍼졌지만, 맑게 찢어지는 닭 울음소리는 아침이면 더욱 귀에 내리 꽂혔다. 아침 일찍 외출 준비를 하고 나와 엄마아빠는 우리만의 휴일을 보내보자며 주말인양 평일의 관광을 계획했다. 통영에서 유명하다는 케이블카도 타보고, 욕지도에도 들어가 보고, 루지도 타보고, 해저터널도 가보자, 그리고 이곳의 명물이라는 음식들도 하나씩 맛을 보자. 우리의 계획은 오전부터 저녁까지 빼곡했지만 그 날은 아빠의 컨디션 난조로 해저터널과 지역음식만 맛봤다. 이후에 나 없이 엄마와 아빠 두 분이서 케이블카를 타시고 통영 일대를 둘러보셨다는데 오히려 그 편이 더 나은 것 같기도 하다. 엄마 아빠의 통영에 대한 기억은 그런 데이트한 순간으로 남을 것이고, 나는 또 나 나름대로 통영을 드라이브했던 그 날의 기억으로 오래 남을 것이니. 각자에게 소중한 기억들이 하나씩 생긴 것 같아 퍽 마음에 든다.

내가 통영에서 드라이브를 했던 곳은 통영시에서 대교를 건너야 있는 작은 마을로 향하는 길이었다. 산양일주로와 풍화일주로라는 그 길은 자동차로 루지를 타는 것처럼 느껴질 정도로 길이 자주 굽어지는 길이었다. 구불구불한 코너길을 돌 때마다 언뜻언뜻 바다가 보였고, 그 곁에 색색이 칠해진 지붕들과 눈앞의 푸른 산들이 조화로웠다. 상가는 없이 오래된 단층짜리 주택들이 모여 있는 동네. 소음 없이 고요한 이 동네는 나이가 지긋한 노인처럼 느껴지다가도 꼭 맵시가 멀끔한 청년의 모습을 하고 있었다. 잠잠하고 평화로운 이곳이 뿜어내는 활기가 만만했다. 이 길을 몇 번이고 더 돌고 싶다는 충동이 강하다. 굽이진 길을 돌면 선물처럼 펼쳐지는 모습들도 질리도록 마음에 담고 싶다. 그리고 그렇게 긴 시간을 눈에 담다 허기가 질 때면 여지없이 통영의 명물인 음식들을 먹으러 갈 것이다. 통영항 여객선터미널 앞의 충무김밥집과 꿀빵집들. 모두가 '원조'라는 단어를 앞세우고 있는 그 곳. 어느 가게이든 모두 맛이 있을 테지만, 그 가운데에서도 특별히 엄마가 아낀다는 충무김밥집으로 갈 것이다. 메뉴판 없이 인원수대로 작은 충무김밥과 오징어무침, 어묵무침, 섞박지가 나오는 곳. 엄마는 다른 곳보다도 이곳의 섞박지가 참 맛이 좋다고 하셨고 나는 다른 곳은 안 가봤어도 그 말에 동의했다. 배불리 먹고 나면 한 손에는 충무김밥을, 다른 한 손에는 꿀빵세트를 양 손 가득 사들고서는 아직 통영에 와보지 못 한 친구들을 찾아갈 것이다. 통영의 이 명물들을 같이 입에 넣고선, 굽어진 산양일주로와 풍화일주로에 대해 이야기를 들려줄 것이다.

어떤 일이 이루어지던 곳
가을이 오면 바다에서 보자

9월이나 10월쯤이면 바다로 가는 것을 좋아합니다. 동해든 남해든 가을에 찾는 바다라면 어디든 마음에 잘 맞는 것이 신기합니다. 바다 앞에 붙는 계절은 여름도 있고 겨울도 있는데, 아무래도 저는 바다는 가을이 꼭 제철인 것 같습니다.

바다는 가을이 좋다는 것을 스물셋에 배웠습니다. 당시는 부산에서 인턴을 할 때였습니다. 졸업을 일 년 앞두고 있어서 이유 없이도 마음이 바쁘고 가끔은 조금 불안한 밤을 보내던 때였습니다. 그래도 스물셋은 어감만으로도 참 예쁜 나이니까 졸업 이후의 삶을 준비하는 데에 이 시간을 모두 쏟기가 아까웠습니다. 스물셋을 대학교 4학년생이나, 취업준비생 같은 이름이 아니라 그저 온전히 스물셋으로 보내고 싶어서 일 년을 휴학했습니다. 휴학을 하고서 첫 결정은 본가로 내려가서 인턴을 해보는 일이었습니다. 앞으로 더 오랜 시간을 일을 하며 살아가게 될 텐데 애써 쉬어가는 시기에 뭐가 그리 조급해서 일을 시작하냐는 주변의 우려도 있었습니다. 지금은 그 분들께서 어떤 마음으로 말씀을 건네주신 것인지 압니다. 그렇지만 그 당시에는 별수 없었어요. 직장생활이 어떤 것인지도 궁금했고, 과외나 아르바이트가 아니라 회사 생활로 돈을 벌어보고 싶었습니다. 목표로 한 것 중 일부는 이뤘고 또 일부는 마음처럼 되지 않았지만, 그 시기가 저에게 큰 의미로 남은 시기라는 것은 변하지 않습니다.

운이 좋게도 부산의 센텀시티에 위치해 있는 한 회사에서 6개월 가량 근무할 수 있게 되었습니다. 그 시기는 참 복이 많았던 시기에요. 첫째로는 같은 부서에서 근무했던 팀원 분들이 너무 좋았고, 둘째로는 준비한 것 이상으로 성과가 잘 나와서 회사나 팀에 보탬이 되었다는 기쁨을 누릴 수 있던 복이 있었습니다. 그리고 인문학이나 자기계발 같은 도서만 찾던 제가 소설이나 시를 좋아하게 된 복이 있었습니다. 무엇이 먼저인지는 잘 모르겠지만 그렇게 문학을 좋아하게 된 즈음부터 날씨가 좀 더 선명해진 느낌이 든 것도 복이었습니다. 그리고 계절이 바뀌는 것을 직접 피부로 느낄 수 있게 된 것도요. 그 당시 어린 날에도 지금이 참 복이 많은 때라는 것을 깨닫고는 있었지만, 늦게서야 알게 된 것도 있습니다. 출퇴근 길에 오가면서 매일 마주하던 바다는 가장 마지막에 눈에 들어왔습니다.

평일 5일을 출퇴근 하면 어김없이 바다를 지나갔습니다. 서울에 있는 동안은 부산 바다가 그리웠지만 좋은 것도 매일 보니 타성에 젖게 되었고, 그저 출퇴근을 하는 비슷한 시간마다 거쳐

가는 배경 중 하나 같았습니다. 그렇게 점점 창 너머로 바다를 보는 시간이 줄어들고 그 대신 핸드폰을 보거나 눈을 감고 가는 시간이 길어질 때 쯤 가을이 왔습니다. 꼭 누군가가 "하루가 비슷하게 흘러간다고 해서, 정말 매일이 같은 하루인 줄 아냐"고 이야기하는 것 같았습니다. 그 날 본 바다는 잊을 수가 없습니다. 하늘은 깨끗한 짙은 파란색을 띠고 있고, 뭉게구름은 희게 피어서는 낮게도 자리 잡고 있었습니다. 이런 표현이 적절할지는 모르겠지만 꼭 애니메이션에서나 볼 법한 하늘이었어요. 그 아래에 더 짙은 파란색으로 빛나는 바다나, 파도가 부서지는 모래사장이 하늘과 참 조화로웠습니다. 그 길로 불어오는 바람도 참 시원했고요. 가슴 깊이 숨을 들이마시는 것이 꼭 적기인 것 같은 때였습니다. 깊은 숨을 들이마시고 눈앞의 높은 하늘과 낮게 떠있는 흰 구름들을 보다가 그 시선을 내리면 햇살에 반짝이는 짙은 파란색의 바다를 볼 수 있었습니다.

그 이후로도 강원도의 바다를 찾거나, 부산 보다 더 남단에 위치해 있는 제주도에서 가을 바다를 본 적이 있습니다. 바다 길을 따라서 드라이브를 하는 동안 행복하다는 말을 버릇처럼 내뱉었습니다. 그리고 이 지금이 영원했으면 좋겠다는 생각을 속으로 자주 삼켰습니다. 날씨 하나로도 행복해질 수 있는 이 시기에, 날씨와 너무 잘 맞는 바다를 보는 일이 좋았습니다. 좋은 곳을 제가 좋아하는 사람들과 함께 할 수 있다는 것도 큰 기쁨이었고요. 그래서 저는 가을에 약속을 잡는다면 꼭 바다에서 보자고 약속을 하고 싶습니다. 두껍지 않은 겉옷을 챙기고 바다로 찾아가 모래사장을 함께 걷거나, 바다를 마주보고 앉아서 속 깊은 이야기들을 나누었으면 좋겠습니다. 시간도, 함께한 사람들도, 그 날의 감정들도 다 그 순간이 지나면 지나가는 것이겠지만 그래도 별다른 방법이 없습니다. 다 지나갈 것을 알면서도 영원하기를 바랄 정도로 좋은 시기이니까요. 올해 가을에도 가보지 않았던 바다로 다녀오고 싶습니다. 그 곳에서는 지나간 시간들을 떠올려 보고 가슴 속 깊이 묻어둔 얘기들을 비밀처럼 꺼냈으면 좋겠습니다. 함께 시간을 보냈던 좋은 사람들이 가을을 잘 누리고 있기를 별안간 소망해보고, 오래된 이름들을 다시금 기억해내고 싶습니다.

나를 만든 이름들
나에게는 너무도 크고 싶은 사랑

　잠실로 이사를 가려한다고 말씀을 드렸을 때 아빠는 그럼 석촌호수가 근처에 있는 거냐고 물어보셨다. 석촌호수 근처면 롯데타워도 근처이냐고. 꽤 오랫동안 서울살이를 했지만 동쪽에서 사는 것은 처음이고, 그 동안 부모님을 잠실까지 모시고 와 본적은 없었다. 서울살이를 하는 동안에는 꽤 다양한 곳에 살았다. 대학생 새내기 때는 학교 기숙사, 이후로는 원룸 오피스텔에서 자취도 해보고, 강남 논현동의 쉐어하우스에서도 살아보고, 단지 내 공원이 예뻤던 작은 아파트에서도 살아보았다. 강북에서도 살고, 강남에서도 살고, 서쪽에서도 살아보았는데 이제는 동쪽으로 오게 되었으니 꼭 서울을 일주한 느낌이다. 다른 곳들은 떠올려 보면 그 곳에서 살면서 있었던 일들이 기억에 남는데, 잠실 이 곳은 이사를 들어오기 전의 날이 더 크게 떠오른다.

　준공연도가 오래된 빌라인 만큼 이 집에는 군데군데 시간의 흔적이나 사람이 살던 자취가 남아 있었다. 그것이 나쁘기만 한 것은 아니지만, 한번 짐을 넣고 나면 손을 대기가 어려우니 보수가 필요한 곳들은 미리 손을 보자고 이야기했다. 부모님께서 인테리어 일을 오래 해오셨지만, 가까이에서 일이 진행되는 과정을 지켜본 것은 이번이 처음이었다. 그 과정에서 엄마가 보여주셨던 마음, 아빠가 보여주셨던 마음은 내가 담기에는 너무도 크고 깊은 것이라 집을 보수하던 그 날 밤 나는 마음이 무거워져 긴 시간 울 수밖에 없었다.

이사를 들어가기 며칠 전에 집을 보수했다. 엄마는 줄자를, 나는 공책과 펜을 챙겼다. 엄마가 줄자를 능숙하게 사용해 벽면의 치수를 재시면, 나는 도면을 그린 뒤, 폭과 높이를 기록했다. 그 종이 도면을 바탕으로 엄마는 집 구조를 모델링 해주셨고 가구배치에 따라 느낌이 어떻게 달라지는지 여러 시안들을 만들어주셨다. 지금 부산에서 진행 중인 공사가 여럿인데도 아빠도 서울로 올라와주시기로 하셨다. 몇 군데 보수가 필요한 부분들을 직접 손봐주시고 가벽을 치거나, 주문해둔 아일랜드 수납장을 맞춰주시겠다고 하셨다.

엄마와 나 그리고 내 동생은 아침 일찍 공구상가에 들렀다. 벽면은 어떤 색으로 칠할지 정하고 페인트질을 할 도구들이나, 몇 가지 부자재들을 구입했다. 아빠는 이른 새벽에 부산에서 출발하셔서 8시가 안 된 아침 일찍 서울에 도착해주셨다. 처음은 철없게도 마냥 신이 났다. 초등학생 쯤, 2층 침대를 만들어보자며 아빠가 나와 동생에게 목재를 다듬는 일을 알려주시던 때가 떠올랐다. 그 날의 기억은 나무 냄새와 락스 냄새, 그리고 사포로 나무를 문지를 때 마찰로 인해 손이 따뜻해지던 그 온기로 남아 있다. 꼭 그 날처럼 우리 가족이 다 같이 집을 수리할 수 있다니 여행 전날 밤처럼 설 다. 페인트를 부어 나와 동생이 벽면에 페인트를 칠하고, 아빠는 아일랜드 장을 맞춰주시거나 중간 중간 어떻게 일을 해야 하는지 가르쳐주셨다. 그 순간이 그저 따뜻하고 행복했다. 몸은 노곤했지만 집 안에는 생기가 그득했다. 몇 시간을 부단히 움직이고 나면 한 쪽 벽면이 바뀌어 있는 것을 볼 때의 그 뿌듯함. 손길이 닿는 곳마다 조금씩 변화가 이는 것을 확인하면서 어딘가 안정감을 느꼈다.

오전 일찍부터 보수를 시작했지만 시간은 넉넉하지 않았다. 아빠가 서울에 올라오시면 맛이 좋은 식당에서 밥을 먹고, 하루는 근교에 있는 창이 크고 넓은 카페에서 수다도 한창 떨다가, 저녁이면 석촌호수로 다같이 산책을 나가야겠다고 계획했었는데 모두 마음처럼 되지 않았다. 오랜 시간 제대로 된 휴식을 취할 새도 없었다. 끼니는 중식을 배달하거나, 한식 도시락을 배달하는 것으로 대체해야 했다. 부산에서 서울까지 올라와주신 부모님께 제대로 된 식사도 사드리지 못 했다는 데에 대한 죄책감은 오래 남았다. 그보다 더 나의 마음을 크게 흔들었던 것은, 부모님께서는 내게 그 조차도 바라시는 마음이 없었다는 데에 있었다.

엄마아빠는 그저 딸과 아들이 함께 살 집이니 조금 더 나은 환경에서 지낼 수 있도록 가꿔주시고자 하는 마음이 전부셨다. 그 조건 없는 마음이 엄마 아빠를 부산에서 서울까지 데려왔다. 정리가 어느 정도 끝나자, 아빠는 다시 부산으로 내려가시겠다고 하셨다. 잠실로 이사를 가려 한다는 나의 말에 아빠가 던진 첫 질문이 석촌호수나 롯데타워가 근처에 있느냐는 것이었는데. 집 근처에 있는 그곳조차 제대로 돌아볼 여유 없이 내려가신 다니. 늦은 밤 피곤하실 아빠가 마음에 쓰여 각종 공구들을 아빠 차에 실어 나르고, 아빠가 내려가시는 동안 드실 음료나 물을 챙겨드리려 앞좌석 문을 열었다. 그 때 눈에 들어온 것은 '졸음 깨는 껌'이었다.

아빠가 부산에서 서울로 올라오시는 동안, 잠이 오지 않도록 졸음 깨는 껌 몇 알을 입에 털어 넣으시며 올라오셨을 것을 생각하니 지금도 마음이 무겁다. 아침 8시에 도착하시기 위해서 더 이른 새벽부터 올라오셨을 우리 아빠. 피곤함을 뒤로하신 채로 그저 나와 내 동생이 엄마 아빠 자식이라는 이유 하나만으로 다른 무엇보다도 우선이 될 수 있다는 것에 마음 한 켠이 묵직해져 소리도 내지 못 하고 울었다. 엄마는 아빠가 힘들게 일하시는 모습을 보아서 눈물이 나는 것이냐고 물어보셨지만, 반은 맞고 반은 틀리셨다. 엄마 아빠가 일하시는 모습에는 고단함 속에서도, 그 일을 오랫동안 전문적으로 해오신 데에 대한 자긍심이 엿보인다. 그리고 나는 그런 부모님의 모습 속에서 자극을 얻고 존경해왔다. 내 마음이 무거워지고 눈물이 난 것은, 내가 나에게는 너무나도 과분한 사랑을 받고 있고 그것이 나의 어떤 행동이나 마음씀이 잘나서 받을 수 있는 것이 아니라, 그저 나라는 존재 하나만으로 받을 수 있는 사랑임에 대해 일순 마음이 무거워져서였다. 이렇게 크고 깊은 사랑을 되돌려드릴 수 있는 것이 가능할까. 엄마 아빠가 전해주시는 사랑에는 어떤 대가를 바라는 것이 없는데, 무엇을 돌려드린다는 것이 맞기는 할까.

그 후로 이런저런 고민들로 몇 달을 지냈다. 요즘에서야 드는 생각은, 내가 나의 삶을 잘 살아가는 모습을 보여드리는 것이, 중심을 잘 잡고서 든든한 딸로 지내는 것이 부모님께 받은 이 넓은 마음에 보답 드리는 일일지도 모른다는 생각이다. 노을의 <함께>라는 노래가 떠오른다. 그 노랫말이 우리 가족에 대한 나의 정서를 가장 잘 표현할 수 있다. '우리 힘들지만 함께 걷고 있었다는 것/ 그 어떤 기쁨과도 바꿀수는 없지/ 복잡한 세상을 해결할 수 없다 해도/ 언젠가는 좋은 날이 다가 올 거야/ 살아간다는 건 이런 게 아니겠니 / 함께 숨 쉬는 마음이 있다는 것/ 그것만큼 든든한 벽은 없을 것 같아/ 그 수많은 시련을 이겨내기 위해서'.

그 동안 나의 서울살이를 함께 한 집들에 이름을 붙여 본다면, 대학생 시절의 기숙사는 '나의 꿈이자, 내가 돌아갈 수 있는 곳'이고, 원룸 자취방은 '불꺼진 방의 아득한 침묵'이었고, 논현동 언덕길의 쉐어하우스는 '창이 커 바람이 잘 드는 가을이자 찬 공기의 겨울날'이었다. 광명의 어느 아파트는 '신혼부부와 나이가 지긋하게 드신 할아버지, 이제 갓 초등학생이 된 어린아이들과 강아지들의 동네'였다. 그리고 이 곳 잠실의 빌라는 나에게 '함께한 마음'이다.

나를 만든 이름들
누나, 산다는 건 맛있는 걸 먹는 거야

첫 회사에 입사를 하고 쓴 짧은 글이 있다. 3년 뒤의 나는 어떻게 지내고 있는지를 물어보는 것으로 끝이 나는 글이다. 그 당시만 해도 3년 뒤의 일은 멀게 느껴졌는데 벌써 회답을 할 때가 되었다. 편지를 써서 지난 날의 나에게 보내줄 수 있다면 얼마나 좋을까. 시간을 돌이킬 수는 없는 노릇이지만 그 당시를 생각하니 괜히 마음이 안쓰럽다. 언젠가 하루를 보내는 것이 다시금 버거워질 때 이 편지가 조금은 도움이 된다면 좋겠다.

안녕. 지금의 나는 스물여덟의 5월을 보내고 있어. 그 사이에 참 웃긴 건 정부에서 나이를 부르는 기준을 만나이로 바꾸겠다고 해서 느닷없이 내가 스물여섯이 되었다는 거야. 회사에 입사를 한 나이도 스물여섯, 입사 4년차가 된 나도 스물여섯이라니. 어쩌다 보니 스물여섯을 두 번 살게 되었네. 요즘 나는 꽤 알찬 하루를 보내고 있어. 지금은 휴직 7주차에 접어들었어. 휴직을 한 나에게는 수요일도 금요일도 모두 주말과 다를 바가 진배없어서 원하는 대로 하루를 보내고 있는 중이야.

오늘 나는 오전 일찍 청계산으로 혼자 등산을 다녀오고, 저녁으로는 꼬막 비빔밥을 해먹자고 동생에게 이야기 했어. 꼬막은 겨울이 제철이라 지금은 구하기 어렵다는 건 시장까지 가서야 알게 되었지. 식감이라도 비슷하면 괜찮지 않겠냐며 우리는 꼬막 대신 동죽조개를 사왔어. 꼬막비빔 양념장을 만들고 미나리까지 넣어서는 비빔밥을 만들었지. 또 시장에서 사온 봄 쑥을 넣어서 된장국도 끓이고, 전이라고 부르기에는 꽤 두꺼운 팽이버섯전을 만들어서 함께 먹었어. 이제 곧 여름이 다가오는데도 오늘의 저녁식탁은 겨울 같기도 하고 봄 같기도 했다!

한참 밥을 먹다가 내가 혼잣말 같은 질문을 던졌어. "산다는 건 대체 뭘까?" 동생은 전을 우물거리다가 무심히 답을 했지.

"산다는 건 맛있는 걸 먹는 거야. 난 맛있는 거 먹을 때 행복하거든. 누나는 어떨 때 행복해?"

나는 내가 사랑하는 사람들이랑 시간을 함께 보내고, 오늘은 어떤 일이 있었는지 어떤 생각이 들었는지 이야기 나눌 때 행복해. 주변을 돌아보다 기억에 오래 남을 장면들을 발견할 때도 행복하고. 그런 시간들을 기록하기 위해서 글을 쓰는 것도 좋고, 나중에 글들을 다시 읽어보면서 그 때를 떠올리는 것도 좋아. 하루 온종일 들어도 질리지 않는 마음에 잘 맞는 노래를 찾을 때도 행복하고. 그렇게 마음에 드는 노래를 한 곡 재생으로 계속 듣다가 그 노래에 이런 저런 기억들이 남는 것도 좋아. 잊고 지내다가 우연히 듣게 되면 그 노래를 즐겨 듣던 때가 기억나는 것도 소중해.

　동생은 오래 내 이야기에 귀 기울여 주다가 이런 이야기를 하더라. "아! 맞아, 맛있는 거 먹을 때 말고도 행복한 순간이 하나 더 있어. 나는 바람을 맞을 때 행복해." 바람을 맞을 때라니, 나는 이유가 무엇인지 궁금하다는 표정을 지었고 동생은 내가 그동안 생각해본 적이 없던 이야기를 했어. 바람이 부는 건 늘 상 있는 일이지만 매일 같이 부는 바람에도 매번 느낌이 다르 대. 날마다 바람의 온도도 다르고, 배어있는 내음도 다르대. 어떤 날에는 전날 내린 비 때문에 바람에 젖은 흙 냄새가 가득하기도 하고, 어떨 때는 싱그러운 풀향이 난대. 더운 바람이 불다가 어느 날부터 바람이 시원해지기 시작할 때도 매해 조금씩 다르대. 자기는 바람을 맞는 일이 좋아서 어렸을 적부터 잠시 밖으로 나가서는 벤치에 앉아 있었다네. 그런 오래된 습관 덕분에 가끔은 바람을 맞고 있다 보면 예전 일들이 생각난대. 그 이전에 비슷한 바람을 맞아본 날이 떠올라서 자기가 무얼 하고 있었고 어떤 사람들과 함께 했는지 기억들이 새록새록 일어난다고 하더라. 기분 좋은 바람이 불 때 자기가 예전에 행복했던 기억들도 되살아나서 자기는 바람이 불 때 행복해진다고 해.

　동생의 이야기를 들으면서 연신 고객을 끄덕였어. '참 피는 못 속인다. 우리가 한 핏줄이라 그런지 감정의 결이 비슷하구나' 같은 생각을 하다가도, '그래, 산다는 건 이런 거겠지'라며 나의 처음 질문에 짧게 답을 내렸어. 요즘 내가 생각하는 삶은 이렇게도 소소한 것들이야. 잘 살아가는 건 자주 웃고, 일상에서 행복을 많이 누리는 것 같아. 그러기 위해서 내가 해야 하는 거는 어려워 보여도 참 쉬운 것들이다. 하루 끝에 짤막하게라도 사랑하는 사람들과 대화를 나누고, 내 하루를 글로 남기는 것. 일기장을 열어서 지난날의 행복들을 다시 기억해보는 것. 나이가 들수록 이런 작은 행복들이 더 쌓여갈 거란 것도 기대가 되는 일이야. 앞으로도 잘 살아갈 수 있도록 행복한 시기에는 많은 글을 남겨두자. 그리고 또 좋은 노래를 찾아내선 주구장창한 노래를 듣자. 가끔은 동생과 함께 산책을 나가서 바람이 불 때면 동생에게 지금은 어떤 때가 떠오르는지 질문해보자. 언젠가 시간이 흘러서 글을 다시 꺼냈을 때 지금 느낀 이 감정들이 잘 닿았으면 좋겠다!

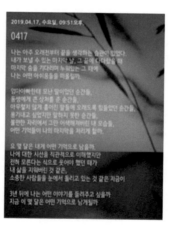

<2019년 4월 일기>

누나, 산다는 건 맛있는 걸 먹는 거야

나를 만든 이름들
가족 같은 어떤 연애

　　최은영 작가님의 "어떤 연애는 우정 같고, 어떤 우정은 연애 같다"는 문장을 좋아합니다. 저에게도 그런 연애가 있었고, 또 그런 우정이 있었습니다. 연애를 많이 한 것은 아니지만 지나간 관계들 가운데에서도 꼭 어떤 연애는 친구 같았고, 어떤 연애는 과연 알맞은 연애였고, 어떤 연애는 가족 같았습니다. 가족 같았던 어떤 연애는 그 시간이 끝난 뒤에도 문득 생각이 나곤 합니다. 그 때의 감정은 그리움이기보다는 애틋함입니다. 서로 다른 길을 걸어가게 되더라도, 앞으로 나아갈 그 길에 많은 행복이 따르길 바라는 마음이 먼저 드는 그런 관계입니다.

　　함께 있을 때 대단한 무언가를 하지 않더라도, 일상을 함께 하는 데에서 오는 마음 채워짐이 컸습니다. 그러니까, 아끼는 옷을 꺼내 입고 몇 날 몇 시에 어디서 보자는 약속 보다는, 하루가 끝날 즈음에 '오늘은 뭘 먹을까?'라는 질문을 던지는 것이 익숙한 관계였습니다. 특별히 약속을 해야만 볼 수 있는 사이가 아니라, 일과가 끝나면 밥을 함께 먹으며 하루를 마무리하는 것이 당연한 관계요. 꼭 중고등학생 시절에 저와 동생은 학교를 마치고 집으로 돌아오고, 부모님께서는 퇴근하신 이후에 집으로 돌아와 함께 저녁밥을 먹으며 하루를 마무리하는 것이 당연했던 것처럼요. 가족의 또 다른 말인 식구(食口)라는 표현을 참 좋아하는데요. 식구는 '끼니를 같이하는 사람'을 말합니다. 그러니까 저에게는 중고등학생 시절의 가족이 식구였고, 특별한 일이 없는 한 저와 늘 끼니를 함께하던 그 사람도 식구였습니다.

취향이 비슷한 탓에 예상치 못한 순간에 웃음 짓게 되거나, 마음이 괜히 반가워진 적도 많았습니다. 그것은 모두 사소한 것들이었는데요. 이를 테면 끼니로 무얼 챙길까 고민하던 시간이요. 김치찌개와 계란말이를 먹으러 가자고 이야기할까 생각하던 차에, 먼저 이야기 하지 않았는데도 그 사람이 같은 고민을 하고선 그 입에서 그 메뉴가 나왔을 때 마음이 반가웠습니다. 또 어느 순간 입버릇이 비슷해져서 제 말투를 그 사람이 따라하고, 그 사람이 저의 말투를 따라하고 있음을 깨달은 날엔 큰 웃음이 났습니다. 서로가 서로를 이렇게 잘 알아갈 수 있다는 큰 행운을 한껏 누렸습니다. 서로 같은 것을 바라보며 같은 생각을 공유하고 있을 때 마음이 넉넉했습니다. 여름이 끝나갈 무렵에 에어컨 대신 선풍기를 틀어두고 거실 바닥에 요를 깔고 누워 있던 날. 별다른 말을 하지 않더라도 서로는 머릿속으로 어린 시절 시골집에 놀러가 대청마루에 가만 누워있던 날을 떠올렸습니다. 이런 사소한 일상들이 저를 풍요롭게 했습니다.

몸이 멀어지면 마음도 멀어지기 십상이라는 흔한 이야기와는 다르게, 꼭 멀리 떨어져 있으면 애가 쓰이는 관계였어요. 하루를 잘 보내고는 있을지, 밥은 또 잘 챙겨 먹었을지, 하루 중 마음이 쓰였던 일은 없었는지 그저 궁금했습니다. 알아서 잘 할 것이라는 믿음은 물론 깔려 있었지만서도요. 그저 애가 쓰였습니다. 서로가 서로를 챙겨주고 보살핌을 받는 그런 관계였습니다. 그렇지만 물론 함께하며 마음이 달라 다툰 적도 있었습니다. 처음엔 그냥 볼멘소리였는데 시간이 갈수록 정말 어느 한쪽의 감정이 크게 상해버리게 되면, 다른 한 명이 ”그래! 내가 미안해!! 사과할게! 화해해!!“ 라며 큰 목소리로 손을 건넵니다. 그 눈빛은 상대의 기분을 살피느라 바쁘고 걱정어린 감정이 또렷이 비치는데도, 목소리는 버럭 소리를 높이며 사과를 하고 있습니다. 깊게 마음을 쓰는 눈빛과, 당당하게 사과를 받아달라고 소리치는 그 모습이 얼마나 상반되던지 웃지 않을 수 없었습니다. 그렇게 크고 작은 감정들을 공유하며 지내온 시간들은 풋풋하고 또 뜨겁습니다. 애써 감정을 숨기려 들지도 않고 서로에게 투명했던 시간이니까요. 서로에게 잘 맞는 해법을 알고 있는 관계, 그렇게 돌아오는 길에는 늘 깊은 안정감이 따랐습니다.

시간이 지나 이전에 함께 왔었던 길을 혼자 다시 찾은 적이 있습니다. 여러 번 갔던 길이더라도 직접 운전을 해서 간 것은 처음이기도 하고, 어딘가 길이 낯설어서 오는 동안 두어번 길을 잘못 들었습니다. 조금 둘러서 오기는 했지만 그래도 어찌 저찌 혼자 잘도 찾아왔어요. 홀로 찾은 지금의 이곳은 꼭 한낮이 여름 같아 산이든 강이든 모두 희뿌옇습니다. 채도가 낮아진 산과 북한강이라니요. 요즘의 제 마음과 닮아 있는 것 같습니다. 아무 일도 일어날 것 같지 않은 이 고요함이 좋아요. 대화를 나누고 목소리를 내지 않는 대신 이렇게 글을 남깁니다. 인적이 드문 평일의 이곳에서 산과 북한강을 누리다가 옛 기억들을 떠올려보는 일이 왜인지 작은 욕심같이 느껴져요.

이제는 다 과거가 된 일들이지만 이렇게도 제 안에서는 감사한 마음으로 기억되고 있습니다. 서로 다른 길을 걸어 나갈 테지만 늘 좋은 일들이 가득하셨으면 좋겠습니다. 제가 걸어갈 길 또한 복잡하지 않고 모쪼록 오늘처럼 평온하기를 바랍니다. 그럼 오늘도 편안한 저녁 보내시고, 환절기 건강 잘 챙기셨으면 좋겠습니다.

작가의 말_내가 숨 쉴 수 있는 세상은

회사에 3개월 휴직계를 냈다. 나를 둘러싼 크고 작은 일들을 대면할 용기가 없어, 눈을 돌리고 감정들을 회피한 것이 화근이었다. 그렇게 사사로운 일들을 다루지 않고 다른 일에만 몰두한 채 3년을 바쁘게 보내고 나니, 주변의 색이 점차 흐려지는 날이 오기 시작했다. 이제는 정말 나를 돌보아야 하는 때에 이르렀다며 휴직을 선택했다.

휴직을 결정한 뒤 내가 가장 먼저 결심한 일은 지금의 이 시간을 오래도록 간직할 수 있도록 만드는 것이었다. 회사를 다니는 동안은 매일매일 해나가야 하는 일들에 마음이 바빴고, 당장 내가 엊그저께 어떤 하루를 보냈는지 기억해내는 것도 어려웠다. 하지만 그렇게 빠르게 지나쳐간 시간 속에서도 몇몇 하루들은 오래도록 기억에 남았다. 어디론가 출근하는 사람들 사이에 섞여 40여분을 이동하던 지하철 속에서, 정신없이 바쁜 하루를 보내다 찾은 직원 휴게실에서, 퇴근 후 찾은 강남의 어느 식당에서 작은 행복들이 있었다. 그런 소소한 행복들을 알아차리고 글로 남겼을 때 그 시간들은 나의 글 안에서 생생히 살아 있었다.

그 동안 마음에 여유가 없어서 미처 알아차리지 못 했던 작은 행복들에 주의를 기울이고, 우리가 살아가는 이 세상이 얼마나 맑은 색으로 채워져 있는 지 오래 기억하고자 글을 쓰게 되었다. 소소하지만 많은 행복들을 이야기하는 글을 남기고 싶다. 이 글을 읽는 시간만큼은 잠시 숨을 고를 수 있는 시간이 되기를. 그리하여 어느 날 삶이 무료하다고 느껴질 때 작은 이야기들을 읽고 웃음 지을 수 있다면, 이 글은 내가 숨 쉴 수 있는 세상이 될 것 같다.

제3장

여행일기

송정빈

송 정 빈

여행을 좋아하고, 그림을 그리며, 작곡을 배우고, 갖가지
운동까지 하는 취미부자입니다.
어떻게 사는 것이 즐거울지 고민하고 좀 더 즐겁고 재밌게
살아보려고 합니다. 글을 쓰는 것 역시 새로운 인생의 즐거움이
되어주길 바라며.

목　차

스페인 산티아고 순례길
왜 여행을 떠나는가

나는 여행을 꽤나 많이 했다. 아마 30개국정도는 가지 않았을까. 여행을 자주 간다는 얘기를 하면 종종 듣는 질문이 "여행을 왜 그렇게 좋아하냐?'라는 것이다. 여행지에서의 맛있는 것, 예쁜 풍경, 신나는 액티비티도 물론 좋지만 배낭여행을 다니며 개고생을 하고 모르는 도시에서 사기를 당하고 돈도 없고 몸도 힘들어도 그런 모든 것들이 좋은 이유는 나의 일상에서 벗어났기 때문이 아닐까. 출근해야 하는 회사가 없고 얽히고 설킨 사람들이 없고 아무도 한국어를 못 알아듣는 낯선 도시에서의 이질감. 이런 일상으로부터의 도피가 결국 즐거움의 가장 근본적인 원인이 아닐까.

나의 첫 도피는 19살에 시작되었다. 수능이 끝나고 TV를 보고 있는데, 끝없이 펼쳐진 들판에 사람 하나 없는 길에 대한 다큐가 나왔다. '저기가 어디지?' 유심히 봤는데 스페인의 산티아고 순례길이란다. 프랑스 생장부터 스페인 산티아고까지 800km를 걷는다는데 '저거다!'하는 생각이 들었다. 나는 너무

지쳐있었다. 공부로부터, 사람으로부터 좀 멀리 떨어져서 혼자 생각할 시간이 필요했다. 정확히 일주일 뒤 나는 스페인행 비행기에 몸을 실었다. 프랑스 생장부터 시작할 자신은 도저히 없어서, 스페인의 팜플로나(Pamplona)라는 도시부터 500km를 매일20km씩 두 달 동안 걸어보기로 했다. 부모님은 걱정이 가득한 얼굴이시면서도 씩씩하고 대견한 딸이라며 보내주셨다. 주위에서는 다들 안 무섭냐며 미성년자가 그리고 여자애 혼자 갈 수 있냐며 다들 만류했지만, 나는 지금 여기가 아니라면 어디든 좋을 것 같았다.

여행은 불안과 고난으로 시작되었다. 막상 스페인 공항에 혼자 떨어지니 그때부터 막막하기 시작했다. 낯선 언어들, 낯선 사람들 속에서 혼자 마드리드 호스텔까지 가야했다. 한달 치 짐을 어깨에 메고 지하철 구석에 혼자 쭈그려 앉아 머리색과 피부색이 다른 사람들을 쳐다보고 있노라니, 그제서야 '나 혼자 타지에 왔구나.'하는 실감이 났다. 그렇게 우여곡절 끝에 마드리드 호스텔에 도착하여 터지는 울음을 꾹 참으며 엄마에게 잘 도착했노라고 씩씩하게 국제전화 한 통을 했고, 팜플로나까지 가는 저가항공을 예약하고 팜플로나로 향했다.

2007년 그 당시만해도 산티아고 순례길을 벤치마킹한 올레길도 한국에 생기기 전이어서 산티아고 순례길은 한국에서는 생소했고 정보를 찾기란 하늘의 별따기였다. 그래서 무작정 왔는데, 알베르게(Albergue, 여행자용 숙소)는 순례길 곳곳에 있다는 사실과 큰 알베르게 몇 개의 주소와 전화번호만 확보할 수 있었다.

이튿날 팜플로나에 도착하니 웬 걸, 갖고 있던 알베르게 정보와는 전혀 달랐다. 첫 숙소로 생각해놓은 알베르게는 문을 닫은지 오래였고, 다른 알베르게들도 대부분 전화를 받지 않았다. 그래서 우선은 그 지역에 있는 아무 호텔이나 찾아서 급하게 묵었고, 다음날 새벽부터 드디어 걷기 시작했다.

여행 셋째날 정말 길 위에 사람은 아무도 없었고 들판에 표시된 조개와 화살표를 따라 하염없이 걸었다. 처음 몇시간은 해방감에 들떴는데 점심도 거르고 계속 걷고 있노라니 쓸쓸하고 왠지 모르게 서러웠다. 오후 4시경 알베르게가 있다는 마을로 들어섰는데 이게 웬일이야! 또다시 알베르게가 문을 닫은것이다. 어쩔 수 없이 다음 알베르게가 있다는 곳까지 몇 km를 더 걸어가서 겨우 작은 알베르게를 하나 찾았는데, 그 곳 역시 문이 잠겨 있었다. 그리고 마을전체의 대부분 상점이 문을 닫았다. 한참을 뒤지다 문을 연 조그만 빵집을 찾았는데, 알베르게 열쇠가 있는 곳을 알고 있으니 묵을 수 있게 열어주시겠다는 거다. 어찌나 다행스럽던지 그제서야 긴장이 풀리면서 다리에 힘도 같이 풀렸다. 그렇게 문을 열고 들어간 알베르게에서 결국 나 혼자 묵었고, 빵집 주인 말로는 겨울에는 대부분의 사람들이 문을 닫는다는 거다. 알베르게들도 마찬가지란다. '이걸 어쩌나… 다시 돌아갈 수도 없고…'절망하던 찰나 빵집 아저씨가 대도시에 가면 그래도 알베르게들이 좀 열었을 테니 대도시위주로 가보라고 조언해주셨다. 먼지 낀 12인실에 혼자 덩그러니 누워있으려니 무섭기도 하고 눈물도 찔끔 났지만, 이왕 온 거 이대로 돌아갈 수는 없다 다짐하고 잠을 청했다.

주말 7시

나흘째가 되는 다음날 아침 일찍 빵집에서 바게트빵을 하나 사고 감사인사를 전한 다음 떠났다. 역시나 순례길에는 정말 아무도 없었고, 끝도 없이 펼쳐진 들판과 바람뿐이었다. 심지어 가는 길에 식당 하나 보이지 않아 아침에 산 빵을 아침, 점심, 저녁 조금씩 나눠 먹었다. 언제 식당이 나올지 모르니 아껴먹어야 했다. 그리고 드디어 도착한 레온(Leon). 레온의 알베르게는 다행히도 열었고 사람들도 하나 둘씩 들어오기 시작했다!!! 사람을 피해서 온 나인데 사람들이 어찌나 반갑던지! 하나 둘씩 올라(Hola)하고 반갑게 인사해주었고 내가 묵은 방에 다섯명이 되었다. 그들은 혼자 뻘쭘하게 앉아있는 나에게 "저녁먹으러 같이 가지 않을래?"하고 친절하게 물어봐 주었고 나는 내적환호를 지르며 따라갔다. 강가의 레스토랑의 야외테이블에서 이런저런 얘기를 나누며 피로를 풀었다. 한 명은 스페인의 카나리섬에서 요리사를 하고 있다고 했고, 또 다른 아저씨는 독일에서 왔고, 부부는 프랑스인이었다. 그들은 혼자 온 동양 여자애를 매우 신기하고 귀엽게 봐주었고 괜찮으며 다음날 같이 가자고 했다. 너무 기뻤다. 혼자 걷는 것이 이리도 쓸쓸하고 힘든 일일 줄이야.

그런데 그 날 밤 갑자기 생리를 시작했다. 며칠 무리해서 걸었던 터라 발은 온통 물집 잡혀 있었고 컨디션은 최악이어서 결국 나는 다음날 아침 그들을 먼저 보냈다. '혼자 조금이라도 걸어보자.'하고 걷다가 빈 들판에서 갑자기 왠지 모를 설움이 폭발했다. 나는 무엇 때문에 이 고생을 사서하나 들판에 주저 앉아 엉엉 울었다. 아마 기억나는 한 소리를 내어 크게 울어본 것은 몇 년 만이었던 것 같다. 한바탕 그렇게 울고 나니 시원하기도 하고 머리속도 좀 정리가 되는 것 같았다. 내가 진짜 원했던 것은 혼자 시원하게 토해낼 수 있는 시간이었던 것 같았다. 그

렇게 나의 첫 여행은 고작 일주일이 지나기 전에 막을 내렸다.

결국 그렇게 나는 끝내 산티아고를 보지 못하고 돌아왔다. 그렇지만 후회와 미련은 없었다.

그 동안은 공부와 인간관계과 가족들까지 너무 숨막혔던 시간들이었다. 여행에서 내가 얻고자했던 것, 얻을 수 있었던 것은 오직 한가지였다. 그저 나는 도망칠 곳이 필요했던 것이었다. 이제 이 정도면 되었다. 시간의 길고 짧음과 여행의 완결 여부는 나에게 중요한 것이 아니었다. 그저 일상에서 벗어날 수 있다는 가능성을 확인한 것만으로 나는 만족할 수 있었다. 돌아가서 다시 일상을 살아야지. 나는 언제이고 또다시 떠나올 수 있는 사람이니까. 다시 일상을 살 수 있을거야.

남미여행
친구와의 여행

2년간의 고시공부에 낙방을 했고 그렇게 끝이 났다. 더 이상의 공부는 내 인생에 없다. 나는 이제 더 이상은 못 해먹겠다고 친구에게 말했다. 여행을 떠나자고 했다.

나는 휴양지를 가자고 했는데, 친구는 남미를 가자고 했다. 남미?? 무슨 남미??? 남미에 어느 나라가 있었지?? 알지도 못하는 대륙을 그렇게 떠나게 되었다. 나중에 다녀와서 '왜 하필 남미였냐' 고 물으니, 한국에서 제일 멀리 떨어진 곳이어서 가고 싶었다고 했다. 나 역시 지금 와서 생각해 보면 휴양지보다 남미를 가길 잘했다는 생각이 든다.

친구는 여전히 공부 중이었고 시험에 떨어진 나는 이제 할 일이 없었기 때문에 루트는 내가 짜는 것으로 정해졌다. 시기는 내가 스페인 교환학생을 가기 전 여름방학. 기간은 두 달. 친구는 대략적인 동선을 짜고 이동수단은 예약해 놓자고 했다. 남미라…정말 정보가 없었다… 이동수단 예약은 커녕 동선조차 어디를 가야할 지 알 수가 없었다. 가뜩이나 휴양지를 가고 싶었던 나는 친구에게 투덜댔다.

"남미는 진짜 정보가 없어…도대체 어디서부터 어떻게 준비해야 할지 모르겠어."

"그래? 나 남미 관련해서 책 하나 찾았어. 이거 읽으면 도움이 좀 될 것 같아!"

친구가 책 한 권을 던져줬다. '미칠 것 같아 떠났다'라는 책이었다.

"야, 떠나느라 미칠 것 같다. 나는."

그렇게 우여곡절 끝에 어찌어찌 큰 나라들을 정하고 거기서 가고 싶은 장소들을 정했다. 그렇게 2012년 6월 우리는 비행기를 탔다. 친구와 두 달 동안 여행이라니. 설레기도 하고 좀 무섭기도 했다.

공항에 도착해 택시를 잡아탔는데, 타자마자 기사님이 배낭을 발 밑으로 두라며 강도들이 택시 창문을 깨고 배낭 가져갈 수 있다고 신신당부를 하셨다. 그때부터 '여기 진짜 장난 아니구나.' 생각했다. 장난 아닌 것은 또 있었다. 도대체 차선이 없는 것 마냥 차들이 끼여 들어 10차선이 되기도 15차선이 되기도 하였다. 그렇게 교통체증과 매캐한 연기를 뚫고 우리는 남미에 도착했다.

남미여행은 항상 한 도시에 도착하면 다음날 떠날 도시로의 야간버스를 예매하는 것으로 일정을 시작했다. 야간버스를 타고 자면서 이동하고 다음 날 다른 도시에 도착해서 구경하고 또 이동하고. 기본 10시간 이상씩은 버스로 이동해야 했다. 이런 고된 일정은 우리를 지치게 만들었고 친구와 나는 작은 것들로 감정이 쌓이게 되었다. 나는 여행중에 급격한 기온변화로 계속 감기에 걸렸는데 친구는 감기로 누워있는 나를 두고 다른 동행들과 밖에서 구경하다 밤늦게 들어왔다. 그게 왜 그렇게 섭섭한지, 나였다면 안 그랬을텐데 하는 생각들과 함께 점점 서운한 감정이 쌓여만 갔다. 나중에 들으니 친구는 또 친구 나름대로 나에게 섭섭한 점이 있었다. 조금씩 서운한 감정이 쌓여가던 중 큰 사건이 터졌다. 마추픽추로 가기 위해 들렀던 쿠스코에서였다.

쿠스코는 옛 잉카제국의 도시로 엄청나게 많은 문 화유산과 유적지가 곳곳에 숨쉬는 도시였다. 옛 도시 그대로 돌담과 돌길이 있어 너무 신기하면 서도 그 전설이 살아 숨쉬는 로맨틱한 도시였다. 더군다나 한인민박 주인도 이제까지 만났던 이민 와서 어쩔 수 없이 숙박업을 하시는 한국인분들과는 달리 여행을 좋아하고 여행객들과의 추억을 나누고 싶어하는 주인이어서 함께 근교여행도 하고 민박집에 같이 머물고 있던 사람들과 함께 쿠스코 현지 클럽도 가게 되었다. 그런데 입장하고 조금 있다가 친구가 갑자기 사라졌다. 한참을 쿠스코 온갖 동네를 다 뒤지고 다니면서 문득 '얘한테 무슨일이라도 생긴거면 진짜 어쩌지.'하고 생전 처음 느껴보는 공포감을 느꼈다. 아침이 되어서 숙소에 돌아왔는데 다행히 친구는 숙소에 먼저 들어와 있었고 나는 안도의 한숨을 내쉬었다. 아무리 투덕거리고 다른 동행들과 다녀도 '친구는 친구구나.'하고 느끼게 되었다.

아마존 밀림투어는 핑크 돌고래가 있다고 해서 신청했다. 민물에 사는 돌고래라고 했다. 그런데 결국 핑크 돌고래는 보지 못했다. 우리가 아마존 밀림에서 본 것은 숙소 침대위에 죽어 있던 타란튤라 거미와 야생 멧돼지, 그리고 야생 너구리들이 다였다. 게다가 밀림을 안내하는 현지인 가이드가 밀림에서 길을 잃어버려서 한참을 걸어 가도 다시 그 장소로 되돌아오고 다른 길로 가도 다시 그 장소로 돌아왔을 때 진짜 생존의 공포를 느

껐다. 아마존 밀림에서 길을 잃다니.

볼리비아에서는 물에 비친 하늘 사진으로 유명한 우유니 사막에 갔는데, 우리는 건기에 가서 물 찬 우유니 사막을 찾기가 쉽지 않다고 했다. 그래서 그냥 소금 위에서 여러가지 포즈로 사진을 찍었는데, 지나고 보니 더 많이 찍을 걸 후회된다. 그런데 나는 우유니에서 소금사막보다는 밤하늘이 기억에 남는다. 이동을 위해 새벽 4시에 졸린 눈을 비비며 짐 챙기다가 문득 하늘을 올려다보았는데 하늘이 새하얬다. 별로 가득차서 검은색 하늘보다 반짝이는 흰색 별이 더 많았다. 내 평생 그렇게 쏟아질 것 같이 많은 별을 본 것은 그 때가 처음이었던 것 같다. 별들이 금방이라도 와르르 쏟아져 내릴 것 같았다.

이과수 폭포는 아르헨티나와 브라질에 걸쳐 있어서 각 사이드에서 두 번 봤는데, 정말 장관이었다. 개인적으로는 아르헨티나에서 보트타고 폭포 바로 앞까지 가서 보는 것이 더 재밌었다. 우비를 입고 보트를 타는데 근처만 가도 폭포가 떨어지는 굉음에 대화를 할 수 없을 정도였다. 그리고 엄청난 물보라에 우비가 소용이 없을 정도로 흠뻑 젖는다. 머리끝부터 발끝까지 모두가 푹 젖어 물에 빠진 새앙쥐 꼴이 되는 것조차 신나고 재미있었다. 브라질에서는 이과수 폭포를 악마의 목구멍이라고 부르는데 아르헨티나에서 폭포의 아랫쪽에서 보았던 것과는 달리 폭포의 위쪽에서 볼 수 있었고 물이 빨려 들어가는 모습이

정말 목구멍 같았다. 계속 보고 있자니 왠지 뛰어들고 싶은 기
분이 들어 진짜 악마의 목구멍인가 싶었다.

지금 생각나는 주요 장소는 이 정도쯤인 것 같다. 사진을 잔뜩 찍은 핸드폰을 여행이 끝나고 스페인 오자마자 소매치기를 당해버려서 거의 다 잃어버렸다. 정말 핸드폰보다 그 사진이 너무너무 아까웠다.

남미여행 내내 친구랑 싸우고 우리는 서먹해져서 헤어졌지만, 스페인에서 교환학생으로 있는 동안 나는 친구에게 전화했고 친구는 우리의 여행사진을 책자로 만들어서 보내주었다. 나는 그 책을 받고서야 친구가 무슨 생각을 했었는지, 어떤 기분이었는지 알게 되었다.

왜 그때 당시에는 솔직한 감정을 얘기하지 않았는지, 왜 그런 것들을 나와 공유하지 않았는지 아직도 나는 이해를 하지 못하지만 그래도 친구와 영영 연락을 하지 않는 사이로 남게 되지 않아 다행이라고 생각했다. 여행내내 친구와 싸우느라 감정소모도 많이 했지만 돌이켜보면 다녀오길 참 잘했다. 친구와 함께 두 달동안 남미를 갈 수 있는 시기는 그 때 그 시기뿐이었고 돌아보면 나 자신에 대해서, 친구에 대해서 조금 더 알게 된 시간이었다. 재미있기도 하고 안 맞기도 했지만. 여행 끝에 얻은 것은 새로운 친구의 모습과 나도 몰랐던 나의 모습이었다.

터키여행

엄마와의 여행

엄마와의 여행은 새로운 엄마의 모습을 보게 되는 순간들의 연속이다. 나에게 엄마는 알기 어렵고 답답한 사람이었다. 싫어하는 것이 없다면서도 음식점 갈 때마다 이래서 별로, 저래서 별로 맞추기가 어려운 사람이었다. 집에 있으면 답답하고 여행을 가는 것은 번거로워 싫은, 집에서 밥하기는 싫지만, 나가서 사서 먹는 것도 싫은 도무지 알 수 없는 사람이었다. 항상 하기 싫은 집안일을 하는 것은 모두 자식들을 위한 희생이라는 말을 입에 달고 살며 짜증을 내지만 그 희생을 당연시하는 오빠에게는 또 한없이 등골 뽑히는 답답한 사람이었다.

그렇지만 함께 여행을 하며 조금씩 엄마를 이해하게 되기도 하고 엄마의 새로운 면을 발견하게 되었다. 엄마는 낯선 사람과도 곧잘 말을 하는 사교적인 사람이고 새로운 것에 대한 거부감이 적은 사람이었다. 우리는 터키를 단체 패키지 여행으로 갔는데 그 중에서 혼자 온 내 또래의 남학생과 여학생이 있었다. 그들은 아무래도 혼자 오다보니 쭈뼛쭈뼛 무리에 잘 끼지 못했는데 엄마가 그 친구들에게 먼저 다가가 말도 붙이고 같이 밥을 먹기도 했다. 그리고는 심지어 자유시간에는 터키의 물담배 카페를 넷이서 가기도 했다. 나는 대학교 다닐 때 친구들과 재미삼아 한두 번 가보았지만 엄마는 난생처음이라고 했다. 그런데도 엄마는 물담배 카페를 가자는 내 제안에 거부감 없이 시도해보겠다고 하고 심지어 잘했다. 엄마와 맞물담배라니. 심지어 내 또래의 처음 본 아이들과. 새삼스럽게 엄마가 신기하고 또 엄마의 자유분방한 모습을 물려받아 내가 이렇게 자유분방하게 사는 걸까 싶기도 했다.

엄마는 또 한국에 대한 자부심이 넘치는 사람이었다. 우리는 새하얀 석회층 위로 에메랄드 빛 물이 흐르는 파묵칼레에도 갔었는데, 당시에는 셀카봉이 한국에서 막 유행하기 시작한 시기여서 해외에는 셀카봉이라는 물건자체가 없었다. 그 때 내가 셀카봉을 들고 가서 엄마와 같이 사진도 찍고 동영상도 찍으니 모든 사람의 이목을 끌었고 우리에게 이 셀카봉은 대체 어디서 살 수 있는 것이냐고 물어보는 사람들이 셀 수 없이 많았다. 그 때 조금 나는 으쓱한 기분이 들었는데 엄마 역시 으쓱했는지 역시 한국인들이 머리가 좋다며 한국인의 장점에 대해 늘어놓기 시작했다. 그러고보니 엄마는 예전부터 역사책도 많이 읽고 역사얘기를 줄줄 꿰고 있을 만큼 한국인으로서의 자부심이 넘쳐나는 사람이었구나 깨달았다. 헬조선이라는 말이 유행하는 요즘 세상에 엄마같은 사람을 찾아볼 수 있는 것도 드물다는 생각이 들었다.

터키여행하면 카파도키아에서 열기구 탔을 때를 잊을 수가 없다. 나는 이 때 엄마도 즐거워 할줄 아는 사람이란 걸 새삼 알게 되었다. 해가 뜨기 전 깜깜한 새벽에 일어나서 서서히 동이 트는 모습을 열기구에서 바라보던 순간은 정말 장관이었다. 카파도키아 특유의 협곡들과 동굴마을들이 발 아래로 보이고 줄을 잡아당길 때마다 하늘로 두둥실 떠오르는 기분은 묘하면서도 좋았다. 엄마는 원래 감정표현에 인색한 사람인데 그 순간에는 엄마도 좋아하시는 게 보여서 나도 덩달아 더 기분이 좋았다.

엄마와 여행할 때면 항상 '나는 우리 엄마한테 이렇게 효도 못했는데 너는 참 효녀.'라는 말을 고맙다는 말 대신 하신다. 그런데 이 말은 오히려 사람의 기운을 빠지게 하는 요소라, 분위기를 침울하게 만드는 편인데 엄마는 그 사실을 모르는지 늘 이런 말씀을 하신다. 그리고 여행을 다녀도 그다지 기쁘다거나 환희에 찬 순간이 잘 없고 우울하거나 본인의 처지를 비관하는 말들로만 가득차서 엄마와의 여행은 어쩐지 불편하고 부담스러운 구석이 있었다. 그런데 엄마가 기뻐하시는 모습을 보니 잠깐씩이라도 이렇게 기뻐했으면 좋겠다는 생각이 들었다.

엄마는 나의 엄마라서, 가족으로 엮여 있어서, 사람으로서의 엄마 모습에 대해서는 잘 몰랐던 부분이 많았다. 여행을 떠날 때는 잘 몰랐던 나의 모습을 알게 되듯이, 잘 몰랐던 엄마의 모습을 발견하며 친구가 되어가는 과정이 즐겁다.

연인과의 여행

몽골의 10월은 매섭게 추웠다. 오리털 잠바를 입고 침낭에 들어가도 이가 덜덜 떨릴만큼 추웠다. 유독 추위를 많이 타는 나에게는 무척이나 힘든 여행이었다. 그럼에도 불구하고 그 때의 기억이 좋게 남아있는 것은 그의 덕분이 아닐까.

지금 와서 생각해보면 매일 저녁마다 추운 게르 안을 덥히기 위해 장작불을 지피고 침낭 속의 핫팩이 차가워지지 않았을까 밤마다 체크하는 것은 사랑이었던 것 같다. 우리는 10일간의 몽골 여행동안 게르에서 자기로 했다. 여행자용 숙소로 쓰고 있는 4인용이라기엔 크고 5인용이라기엔 작은, 일행보다 한 명쯤은 더 부대껴 잠들만한 몽골 전통의 무늬로 가득 채워진 게르에서 그는 매일 밤 '너를 위해'라는 말 한마디 없이 묵묵히 장작을 가져와 불을 지펴주었고, 핫팩을 데워 침낭에 넣어주었다. 새벽에는 핫팩이 식었을까봐 자다 깨서 새 것으로 갈아주었다.

　그는 늘 말이 없고 조용해서 식당을 정할 때도, 여행지를 정할 때도, 무엇이든지 내가 결정해야 하고 표현하지 않는 것이 답답하기만 했다. 그런데 지금 돌이켜보면 옆에서 묵묵히 내 의견을 따라준 것은 본인이 선호가 없어서가 아니라 내 의견을 따

라주는 것이 나를 더 기쁘게 하는 일이라고 생각했기 때문이었던 것 같다.

나는 목표지향적인 사람이었다. 목표를 세워 놓고 스스로를 채찍질하며 끝없이 나아가는 사람이었다. 연애도 마찬가지였다. 더 나은 사람, 더 나은 조건을 끝없이 추구하는 것이 정답인 줄 알았다. 나는 사람에게는 외모든, 성격이든 더 나은 사람이라는 구분이 있고, 더 나은 조건의 사람을 만날 수 있지 않을까 생각했다. 만나다보면 시들해지고 더 나은 사람이 있을 것 같고 더 나에게 잘 맞춰주는 사람이 있지 않을까 생각해서 늘 불타오르던 시기가 끝나면 헤어지고는 했다. 그러던 중 아는 언니가 남자친구와 7년을 꾸준히 만나는 것을 보고 물었던 적이 있다.

"언니는 어떻게 그렇게 한 사람을 오래만나?"
"오래만나는 비법을 알려줄까?"
"응"
"헤어지지 않으면 돼."

그 때 정말 단순한 진리를 깨달았다. 헤어지지 않으면 되는구나. 서운하거나 지겹다고 무조건 헤어지는 것이 아니구나. 연애도 인간관계의 일종이구나. 연애는 두 사람이 서로 맞춰 나가며 만들어 나가는 과정이구나. 사회적인 구분기준이 더 낫다고 해서 나에게 더 잘 맞는 것은 아니고 사랑은 나에게 잘 맞는 사람을 찾는 것이 중요하다는 생각이 든다. 그리고 사랑의 형태는 그 둘의 역사에 따라 얼마든지 달라질 수 있다는 것을 깨달았다. 나는 그가 주는 무조건적인 사랑에 길들여져서 받기만 하고 받는 사랑에 감사할 줄 몰랐었는데 사랑을 진심으로 할 준비가 안 되어 있었던 것 같다.

원래 귀찮기도 하고 쑥쓰럽기도 해서 사진을 많이 안 찍는 편이었는데 전에 여행 사진들을 다 날리고 그나마 남은 사진들도 예쁘게 나오지 않아 속상했던 적이 있다. 그래서 그 이후로는 예쁘게 나오는 사진들을 꼭 남기려고 하고, '여행을 많이 다녔으면서 유튜브나 여행작가를 해볼 생각을 안했냐'는 질문들을 워낙 많이 받아서 혹시나 하는 마음에 사진과 동영상들을 많이 남기게 되었다.

연인과의 여행

그래서 여행을 가면 사진을 많이 찍고 많이 찍히려는 버릇
이 생겼는데, 대부분의 동행들은 여러 장 사진 찍어 주는 것도,
기다려 주는 것도 귀찮아 한다. 그런데 그 사람은 예쁘게 찍히
면 내가 좋아하는 것을 보고 좋은 카메라를 사서 사진공부를 하
고 무거운 카메라와 렌즈를 여러 개 들고 다니면서 찍어주었다.
당시에는 사실 매번 찍을 때마다 렌즈를 바꾸는 시간을 기다려
야 하는것이 조금 귀찮고 '이렇게까지 해야하나.'라는 생각이
많이 들었는데 그렇게 찍어주는 것이 얼마나 힘든 일인지, 그렇
게까지 해주는 것에는 상대에 대한 애정이 없이는 할 수 없는
일이라는 것을 이제는 알 것 같다. 몽골의 고비사막에서 렌즈에
모레가 낄까봐 온 몸으로 바람을 막아가며 사진을 찍어주던 것
도, 한시간 넘게 말을 타면서도 사진기를 손에 들고 탔던 것도
사랑하기 때문에 가능했던 것이었던 것 같다.

　몽골의 그랜드캐년이라는 차강소브라가는 그 광활한 대지 위에 깎아지른 절벽들이 우뚝 서 있는모습이 장관이었다. 그 절벽의 곳곳에서 그가 찍어준 사진이 거의 만장에 가까울 정도였는데 자연스러운 나의 모습을 담으려고 연사를 찍었기 때문이었다. DSLR로 그렇게 찍기 위해서는 용량이 엄청 필요한데 미리 메모리카드를 두 세장 챙겨왔던 그는 정말 세심한 방법으로 사랑을 표현해 주었다. 그는 정말 나를 사랑하고 있었구나. 조금은 알 것 같다. 내가 그렇게도 따졌던 조건들이 과연 내게 맞는 사람을 찾는 조건이었는지. 사랑한다고 말해서 사랑하는 것이 아니고 사랑한다고 말하지 않는다고 해서 사랑하지 않는 것이 아니었음을. 사랑의 형태는 다양하다는 것을.

주말 7시

혼자하는 여행

하바나에 도착하면 오래된 유럽풍의 건물들과 올드카들이 먼저 눈에 띈다. 하바나의 시간만 80년대에 멈춰있는 것 같은 기분이 들었다. 건물 곳곳에 그려진 체게바라 그림이 '아, 쿠바에 왔구나' 실감하게 해준다.

센트로로 향해 가던 중 중절모에 양복을 입으신 할아버지가 트럼펫으로 흥겹게 연주를 하고 계셨다. 처음에는 그냥 '잠깐만 듣고 갈까.'하다가 흥겨운 리듬에 나도 모르게 빠져들었는데 나중에는 구경하던 모든 사람들이 다같이 트럼펫 연주에 맞춰 떼창을 하고 옆에서는 춤까지 추었다. 나는 그 모습에 단숨에 쿠바에 반해버렸다. 비록 인터넷도 안되고 모든 것이 느리게 흘러가는 나라이지만 이런 낭만을 가진 나라라니. 그 때 그 노래는 바로 '관타나메라'라는 쿠바에서 굉장히 유명한 우리나라의 아리랑 같은 노래였다. 그 이후로도 관타나메라는 식당에서 빠지지 않고 나오는 곡 중에 하나였다.

쿠바를 한마디로 정의하라고 한다면 음악이 흐르는 나라다. 언제 어디를 가도 음악이 흘러나온다. 거리에서도, 식당에서도. 아마 쿠바 하면 '부에나 비스타 소셜 클럽'을 떠올리는 사람들이 많을 것이다. 그런데 정말 쿠바는 어디나 부에나 비스타 소셜 클럽이 된다. 거리에서는 살사리듬이 흘러나오고 모두가 춤을 춘다. 어린아이부터 할아버지, 할머니까지. 거리에서 음악이 나오면 할아버지, 할머니들도 거리낌없이 리듬을 타는데 그 모습이 정말 멋있고 자유로워 보였다. 우리나라에서는 노인들이 젊은 사람들과 어울려 춤을 추는 모습을 잘 보기 어려운데 다같이 어울려 춤을 추는 모습이 굉장히 낭만적이었다.

춤과 관련된 잊지 못할 기억이 하나 있다. 해질 무렵 노을을 보기 위해 말레꼰 해변에 앉아 맥주를 마시고 있는데 누군가가 나에게 춤을 청했다. 나는 혹여나 여자 혼자 온 여행객에게 돈을 뜯거나 불미스러운 의도는 아닐까 잔뜩 긴장했다. 그러나 내 걱정이 무색하게 그들은 정말 즐겁게 춤을 추었고 나 역시도 어느새 그들과 함께 살사 스텝을 밟고 있었다. 비록 작은 붐박스에서 나오는 노래에 다같이 춤을 추었지만 말레꼰 해변에서 가로등 불빛아래 추었던 춤은 나에게는 잊지 못할 한 장면이다. 흥겹고 즐거운 밤이었다.

쿠바에서는 음악과 함께 꼭 즐겨봐야 할 것이 술이다. 아마 칵테일을 좋아하는 사람이라면 하바나 클럽이라는 럼은 한번

쯤 마셔봤을 것이다. 쿠바에서는 하바나 클럽이 우리나라의 소주처럼 저렴한 국민 술이다. 쿠바는 헤밍웨이가 사랑한 나라답게 여기저기 헤밍웨이의 흔적이 있는데, 그 중에서도 헤밍웨이가 '나의 모히또는 보데기따(La Bodeguita)에 있고 나의 다이끼리는 플로리디따(La Floridita)에 있다.'고 했을 만큼 좋아했던 두 곳의 바는 아직도 많은 사람들에게 사랑받고 있다. 나는 플로리디따에서 다이끼리라는 칵테일을 처음 마셔봤는데, 정말 맛있었다. 달콤하면서도 시원한 다이끼리는 깔끔한 매력까지 있었는데 연거푸 5잔을 마실만큼 맛있었다. 나의 다이끼리도 플로리디따에 있었다. 보데기따 역시 사람들이 발 디딜 틈 없이 꽉 차 있는데, 그 와중에도 한쪽 구석에서는 밴드가 연주를 하고 있는 것이 재미있었다. 이 사람들 정말 음악과 술에 진심이구나.

혼자하는 여행

하바나를 뒤로 하고 올드카를 타고 트리니다드로 떠났다. 쿠바에서 올드카는 관광객들이 택시로 이용하거나 다른 도시를 이동할 때 실제로 이용한다. 비록 쿠션이 없어 노면의 울퉁불퉁한 충격을 그대로 다 견뎌야 하고 에어컨도 시원하게 틀 수 없지만 아직도 고장없이 잘 굴러간다는 사실이 정말 놀라웠다. 트리니다드에 가니 새삼 하바나는 도시였구나 생각이 들 정도로 시골이었다. 그런데 묘하게도 유럽의 집들과 비슷한 듯 하면서도 유럽의 시골과는 다른 쿠바의 느낌을 간직하고 있었다. 알록달록 색색깔의 낮은 집들이 있는 동네였다. 아직도 마차가 다니고 조금만 시내를 벗어나면 계곡이 나오는 그런 작고 아담한 동네였다. 트리니다드에서는 살사를 좀 더 제대로 배워보고 싶어서 원데이 클래스를 신청하였다. 쿠바의 살사는 올드 살사라고 해서 요즘 일반적으로 다른 나라에서 추는 살사와는 발의 방향이 반대인 것이 특징이라고 했다. 원데이 클래스는 그냥 일반 가정집 거실에서 가르쳐줬다. 덥고 습한 여름에 살사를 배우다가 잠깐씩 지나가는 선풍기 바람이 어찌나 시원하던지 아직도 그 때의 산들바람이 느껴지는 것 같다. 원데이클래스에서 살사를 배워 저녁에는 살사클럽에 갔는데 사실상 살사라기보다는 막춤에 가까웠지만 그래도 흥겨운 음악에 맞춰 사람들과 춤을 추는 것만으로도 즐겁고 신나는 경험이었다.

　　쿠바는 공산주의 국가였어서 위험하지 않냐고 많이들 물어
보는데, 내가 느끼기에는 공산주의 국가였어서 오히려 더 치안
이 좋았던 것 같다. 유럽에서는 밤늦게 여자 혼자 돌아다니는
것이 위험한데, 쿠바에서는 밤에 말레꼰 해변에 나와있는 사람
들도 무척 많았다. 쿠바는 낡고 오래된 유럽양식의 건물 사이로
체게바라 벽화가 보이는 슬픈 역사를 간직한 나라이자 사람들
이 더위에 지쳐 문 앞에 앉아있는 애잔한 나라이면서도 음악과
풍류를 잊지 않고 살아가는 사람들이 있는 정감가는 나라였다.

주말 7시

남부 프랑스
세 친구의 여행

여행의 시작은 매우 의외의 순간에서 비롯되었다. 회사 후배와 여름휴가를 얘기하던 중이었다.

"어딘가 멀리 떠나고 싶어."

"저도요."

"터키나 이집트 가볼까."

"오, 좋을 것 같아요"

"같이 갈래?"

"그럴까요?"

"오! 좋아! 그럼 비행기표 알아보자."

그 이후 프랑스어를 할 줄 아는 후배 한 명이 더 합류하면서 여행은 일사천리로 진행되었다.

처음엔 가기로 했던 곳이 터키였던가. 비행기 표를 알아보던 중 터키는 비행기가 너무 비쌌고 우리는 어디로 떠나도 상관

없었다. 파리가 여름 성수기 표 중에 그나마 제일 쌌고 우리 중에 프랑스어 전공자가 있다는 것이 이유였다. 그렇게 우리는 렌터카를 빌려 남프랑스 여행을 가게 되었다. 여행을 많이 다녔지만 렌터카 여행은 처음이었다. 어른이 된 기분이었다. 나는 운전을 맡고, 프랑스어를 할 줄 아는 친구는 루트를 짰고, 나머지 한 명은 총무를 맡았다. 나름 괜찮은 조합이었다.

파리에 도착했다. 마침 파리 독립기념일 축제와 딱 일정이 맞았다. 우리는 재빨리 옷을 갈아입고 길거리 노천카페에서 가볍게 맥주를 한 잔한 다음, 에펠탑이 보이는 공원으로 향했다. 이미 사람들은 돗자리를 깔고 축제를 즐길 준비에 여념이 없었다. 자리싸움도 여간 치열한 것이 아니었다. 우리도 사람들 사이를 비집고 들어가서 자리를 차지했다. 온갖 오페라 가수와 교향악단이 계속해서 공연을 했다. 그런데 7시, 8시, 9시, 10시가 다 되어도 해는 지지 않고 오후 1시와 같이 밝았다. 가장 하이라이트인 폭죽은 도저히 터트릴수가 없을 정도로 밝았다. 그런데 점점 기온은 밤의 기온으로 떨어져 우리는 셋 다 오들오들 떨었다. 파리에도 백야가 있었던가.

우리는 밤 11시가 넘어서 도저히 이대로는 셋 다 감기가 걸릴 것 같아서 숙소로 돌아왔다. 숙소에 도착해서 티비를 켜자 폭죽이 터지고 있었다. 허탈했지만 파리 노천카페에서의 맥주와 와인을 곁들인 맛있는 저녁, 자리싸움으로 미국인과 투닥거리면서 전의를 불태웠던 것들로 파리의 밤은 나름대로 즐거웠다.

　다음날 우리는 짐을 챙겨 프랑스의 남쪽으로 향했다. 본격적으로 렌터카를 빌려 남프랑스 여행을 시작했다. 첫 도시는 니스라는 항구도시다. 파란 바다 위로 새하얀 요트들이 정박해 있는 항구도시였다. 니스에서는 꼭 와보고 싶었던 마티스 미술관

에 왔다. 마티스의 초기작부터 후기작까지 다양하게 있었다. 마티스는 노년에 니스의 방스성당 건축 및 장식 일체를 맡았고 니스에서 생을 마감했다고 한다.

다음 이동한 곳은 에즈. 에즈 빌리지라는 예쁜 마을이 있는 곳이었다. 산 위에 있는 작고 아담한 마을이었는데, 울퉁불퉁한 돌로 만든 길에 돌로 지은 건물들 사이로 꽃들이 흐드러지게 펴 있는 예쁜 마을이었다. 집집마다 창문에 색색깔의 꽃을 키우고 덩굴들이 집을 휘감아 더욱 아기자기하고 귀여웠다. 골목에서 걷는 것조차 그림이 되는 그런 마을이었다. 우리는 또 수도 없이 사진을 찍어대며 그 곳을 즐겼다.

작열하는 태양이란 이런 것일까. 깐느의 해변은 햇빛이 모래알에 반사되어 눈이 보시다 못해 시렸다. 우리는 바다로 뛰어들었다. 바다로 뛰어들어가는 친구들 등 뒤에 대고 외쳤다.

"그래도 준비운동은 해야지!!!!"

해변에서 피티체조를 하는 내가 우스웠는지 친구들은 연신 웃으며 피티체조하는 나를 찍어댔다. 까르르 웃음소리가 파도에 부서졌다.

작열하는 햇빛아래 누워있자니 살이 지지지직 타는 소리가 들렸다. 뜨거웠지만 물놀이 끝에 노곤한 몸을 일으키기 귀찮았다. 그렇게 한바탕 자고 나니 온 몸이 새카매졌다. 신발끈 안쪽만 하얬다. 쪼리를 질질 끌고 숙소로 가서 한바탕 씻고 저녁으로 라면을 끓이고 마트에서 사온 싸구려 와인을 땄다. 달콤했다. 원래 달콤한 와인을 좋아하진 않았는데 물놀이 뒤에 먹는 라면과의 조합은 나쁘지 않았다. 어둑해진 깐느의 밤거리에 주황색 가로등이 켜졌다. 마을은 조용했고 친구와 나는 테라스에 앉아 남은 와인을 마셨다. 일렁이는 가로등 불빛사이로 간간히 사람들의 목소리가 들렸다. 밤바람이 시원했다. 와인잔이 부딪히는 소리가 청명하게 울려퍼졌다. 깐느의 밤이 지나가고 있었다.

보라색 라벤더가 끝없이 펼쳐진 곳. 보라색이 흰색으로 보일만큼 더운 여름이었지만 우리는 사진 찍기에 여념이 없었다. 이 곳은 록시땅 등 여러 화장품 브랜드에서 라벤더를 공급해 가는 곳이라고 했다. 엑상프로방스라는 예쁜 마을을 가던 길에 잠깐 들른 발랑솔이라는 곳이었다. 라벤더의 향이 코끝에 전해져 왔다. 제법 관광지로 유명한 곳 인듯 했다. 우리는 또 한바탕 라벤더 제품 쇼핑을 했다. 향수로 유명한 프랑스답게 향기와 관련된 제품이 많았다. 일정이 너무 빡빡해서 빼긴했지만 그라스라는 지역은 샤넬, 랑방 등 굴지의 향수회사로 제품을 판매하는 원공급처라고 했다. 특히 한국에는 유명하지 않지만 프랑스의 니치 향수 브랜드는 가는 곳마다 있었고 정말 다양한 향을 팔고 있었다. '플라워 마켓'이라던가 '여름의 향기' 같은 신기하고 예쁜 향들이 많았다. 그 곳에서 향수를 더 사지 못한 걸 두고두고 후회했다.

세 친구의 여행

베르동은 우연히 발견한 곳이었다. 지나가다가 에메랄드 빛의 계곡이 있는 것을 보고 차를 세웠다. 정말 물감을 풀어놓은 듯한 옥색이었다. 아마도 석회암으로 이루어진 지질구조 때문에 그렇게 보이는 듯했다. 그냥 지나칠 수 없다며 차안에서 수영복으로 갈아입고 페달링 카약을 빌렸다. 둘은 끊임없이 페달을 밟고 나는 사진을 찍었다. 바위에서 다이빙도 했다. 바다의 투명한 물빛과는 또다른 예쁜 물색깔만으로도 우리는 너무 신이 났다.

한바탕 신나게 수영하고 예약한 숙소를 향해 갔다. 산 속에 있어 꽤나 구불구불하고 차 한 대가 겨우 지나갈 수 있을까 말까한 작은 골목을 지나 도착한 우리의 숙소는 한 채를 통으로 쓸 수 있는 독채숙소였다. 4층으로 되어있는 돌로 지은 예쁜 건물은 안에 인테리어 소품들도 주인이 하나하나 모은 것 같은 아기자기하고 소담한 것들로 이루어져 있었다. 우리는 마트에서 잔뜩 사온 풍미가득한 치즈들과 납작복숭아, 하몽을 꺼내어 와인과 함께 마셨다. 마침 블루투스 스피커도 있어 '라비앙로즈'를 틀었는데 어찌나 잘 어울리는지 우리는 점점 와인에 취하고 음악에 취해갔다. 아마 프랑스 여행 중에서 가장 기억에 꼽는 순간을 한 순간만 꼽으라면 이 때이지 않을까 싶다.

세 친구의 여행

아를. 남프랑스 여행 애기에서 빼놓을 수 없는 도시. 우리 집 벽에는 내가 아주 어렸을 때부터 '카페테라스'라는 고흐의 작품이 걸려있었다. 늘 집에 들어오면 가장 먼저 보이던 그림이었다. 푸른밤에 노란 불빛이 켜진 테라스에 사람들이 앉아있는 그림이다. 내가 고흐라는 작가를 알기 전부터 걸려있던 그 그림의 장소를 실제 와보게 될 줄이야. 그 카페는 낮에는 음식도 팔고 커피도 파는 듯했다. 비쌌지만 관광객들 덕에 여전히 문전성시였다. 밤이 되자 그 카페는 정확히 그 그림 속으로 들어온 것 같았다. 푸른 밤을 빛내는 노란 전구들이 켜지고 사람들의 두런두런 말소리가 노천카페 밖으로 흘러나왔다. 마치 '미드나잇 인 파리'라는 영화에서처럼 내가 그 시절 그 그림속으로 들어온 듯했다. 붕 떠있는 기분이었다.

'론강의 별이 빛나는 밤에'는 내가 좋아하는 고흐의 작품 중 하나이다. 론강에 반사된 가로등 불빛들이 마치 별처럼 빛나는 것 같은 작품이다. 실제로 론강에 가니 그 다리에서 보는 모습이 그림과 정확히 똑같았다. 나는 그림이 몽환적이어서 고흐의 상상력이 더해진 그림일거라 생각했는데, 정말 정확히 똑같은 모습이 눈앞에 펼쳐졌다. 론강에 반사된 가로등 불빛이 일렁이고 있었다. 이렇게 아직까지도 이 모습 그대로를 간직하고 있는 것이 한편으로는 부러운 마음도 들었다. 서울이었다면 한강시민공원을 만든다며 강 옆을 다 시멘트로 바르고 땅을 다 파서억지로 꽃을 심고 매년 예산이 남는다며 잔디를 갈아엎고, 한강주위를 다 개발해서 이제는 옛날 모습이 하나도 없을텐데. 1888년에 그린 그림과 똑같은 모습이 그대로 남아있다니.

세 친구의 여행

우리는 아를의 밤거리를 돌아다니며 끝나가는 남프랑스 여행의 아쉬움을 달랬다. 그렇게 아를을 떠나 교황청이 있는 아비뇽을 마지막으로 우리의 여행은 끝났다.

셋이라는 조합은 참 묘하게도 어느 한 사람에게 서운함을 느끼게 할 수 밖에 없는 조합이면서도 균형을 유지할 수 있는 조합이었다. 여행하는 동안 싸우기도 하고 투닥거리기도 했지만, 우리는 여행 이후 단순히 회사 선후배를 떠나 친한 친구들이 되었고, 우리는 셋 다 곰 같은 면이 있다고 해서 우리 모임의 이름은 곰세마리가 되었다.

세 친구의 여행

제4장

암페타민과 안드로이드

오모

암페타민과 안드로이드

암페타민의 딸이 죽었다 정말로?

살인은 순식간에 일어났다 낡은 보일러실에 있던 소녀는 순식간에 복부가 뚫렸다 그녀의 녹슨 비명이 울렸다. 그것은 기계가 끼익거리는 소리와도 같이 불쾌하기만 했다 듣고 싶지 않을 정도로 요란한 그러나 계속해서 울리는 비명에는 끝이 없었다. 옛적에 사라진 색들이 다시 되살아났고 그 빛은 짙은 보라색처럼 어두웠다. 끈적이고 질척거리면서 시야를 가리는 색은 비명과 잘 어우러졌다 그리고 이내 그것은 철제 벽에 부딪혀 산산조각났다. 파편들은 모두 흑백이었다. 하나같이 색 없이, 음울한.

무미건조한 회색 방 안에 소녀는 놓여져 있다. 아무도 그녀에게 관심을 주지 않는다. 이 세상에 태어난 이유조차 무용지물로 변할 정도로 처참한 몰골이다 그녀는 얕은 숨을 토해낸다. 그 흔적 또한 금세 사라진다 한 번도 숨을 쉰 적 없는 것처럼 그녀의 얼굴이 새하얘진다 좋지 않은 신호다. 숨이 꿀럭거리기 시작한다. 정박자가 아닌 이상하고 규칙적이지 않은 리듬으로 숨이 들쑥날쑥한다.

왜 죽어야만 하는가. 그저 그렇게 스러질 운명이었다면 왜 태어났는가. 그렇게 묻기라도 하는 것처럼 눈동자에 희미한 빛이 떠오른다. 그러나 그것도 숨과 함께 금세 스러진다. 그녀는 모래처럼 흩어지고 있다. 모래알 하나하나에 그림자가 스며든다. 검은 모래알 소녀는 죽음을 목도했다. 곧 자신을 덮칠 어둠을 제대로 보지도 못하는 몰골 사위가 스멀스멀 좁혀들기 시작한다. 마지막 환각이 시작된다. 그것마저도 기괴하고 기이하다 소녀는 그다지 순수한 정신을 가지지는 못했으나 아직 말간 뺨을 가지고 있었다. 그녀에게 있어 죽음은 지나치게 빨리 당도한 불행이었다. 그녀의 운은 여기까지였다. 피부가 쭈그러들기 전에 죽는다는 것은 어떤 느낌인지 그녀는 알고 싶지 않았다 그녀는 어째서 이렇게 죽어가고 있는가? 그 답은 입구에 있었다. 떨어진 칼날이 요사스럽게 빛난다. 그 빛은 꾸밈없이 순수하다 소녀보다도 더. 그래서일까. 칼은 그녀의 가슴을 효과적으로 뚫어냈다. 바늘이 천을 통과하듯 자연스럽게 일어난 일이었다. 소녀는 찢어진 인형처럼 늘어져 죽음을 기다렸다 죽음은 금방 올 것처럼 굴면서 그녀의 목숨을 내버려두었다.

문득소녀의 머릿속에 아버지가 떠올랐을 때, 문이 열렸다. 남자는 불에 뛰어드는 불나방처럼 안으로 몸을 던졌다. 그 남자가 바로 암페타민이었다. 그가 소녀의 죽음을 목격하는 순간부터 그 의 인생은 새로운 막을 시작해야만 했다. 그는 그것을 알았다. 그럼에도 보지 않을 수 없었다. 그는 딸의 아버지였으니, 아버지로 그 마지막을 맞이해야 했다. 남자가 갓 태어난 딸을 품에 안았을 때 정해진 규칙이었다. 그는 소녀 앞에 무릎을 꿇었다. 피를 주워 담기라도 할 것처럼 손으로 바닥을 몇 번이고 쓸었다. 소녀는.   남자를 보는 대신 눈을 감았다. 고통이 지나칠 정도로 폐부를 찔러왔다 그녀는 마침내 죽었다. 남자가 그녀를 찾아온 지 몇 초나 되었을까. 짙은 그림자가 시체와 남자를 감쌌다. 남자는 눈물을 흘리지 않았다 대신 소녀의 피를 몇 번 닦아주는 데 그쳤다. 마치 그의 눈물이 거기서 흐르기라도 하는 것처럼 두어 번 바보 같은 행위를 반복했다. 그러나 그저 굳어가는 피만이 자리할 뿐, 눈물 같은 것 하다못해 그 비슷한 액체도 나오지 않았다. 남자가 피가 묻은 손으로 얼굴을 매만졌다. 그는 어찌할 바를 몰랐다 상황을 받아들이고 싶지 않은 마음과 슬픔이 속에서 끝없이 섞였다. 내면이 곤죽이 되고 나서야 남자는 시체를 안아들었다. 대롱대롱 흔들리는 발이 그의 손만 했다. 남자는 처음부터 끝까지 아무 말도 하지 않고 상황을 끝냈다. 문이 닫힌다. 시체와 남자는 그렇게 사라졌다.

　　남자의 이름은 생각보다 흔한 것이었기에, 쉽게 기억할 만한 단어였다 모두가 그를 그의 이름으로 불렀다 그러나 남자는

자신의 이름대신 [암페타민] 이라는 호칭을 남몰래 사용하고 있었다. 남자가 대답하지 않자 상사가 목소리를 높였다. 상사의 머리를 고정시킨 핀이 반짝인다. 역시 검은색으로 소녀가 죽었을 때 보인 방의 어둠과 똑같은 색이었다. 남자는 고개를 끄덕였다. 대답은 없었다. 상사는 마음에 들지 않는 눈치였다. 그러나 중요한 것은 그게 아니었다. 상사는 한 묶음의 서류를 그에게 주었고 곧바로 입을 놀리기 시작했다. 시작은 기구한 인류의 역사와 밀접하게 닿아있었다. 기계적 인격의 눈부신 발전으로 인간은 뒤처지기 시작한지 오래였다. 인간은 일정한 구역 안에서 손가락이나 빨면서 생을 부지해 나갔다. 안드로이드들만 거주할 수 있 는 구역은 드넓기 그지없었다. 반면 인간들이란. 이 초라한 사무실을 보라. 남자는 무심하게 방을 돌아보았다. 털털거리며 돌아가는 환풍기에 가득 낀 먼지가 역겨웠다 낡은 전자기기들, 먹다 남은 에너지 드링크, 먼지 한물간, 연예인 광고가 낀 물티슈, 먼지, 엄청난 먼지. 인간들은 쓰레기 속에서 살아가고 있었다. 원체 쓰레기를 만들어내는 족속이니 당연한 일인가?

남자의 생각은 상사의 멈추지 않는 입이 '소녀' 라는 단어를 내뱉었을 때 비로소 멈췄다. 그는 늙고 지친눈동자를 움직여 마침내 그녀를 보았다. 상사는 한숨을 쉬었다. 그의 관심을 끄는 것에 성공했다는 안도였을까.

안드로이드의 의식을 주입받은 클론.

상사의 입에서 나온 것은 우스꽝스러운 단어였다. 남자의 무관심으로 인해 어떻게 그 클론이 구역에 나타났는지는 그의 머릿속에 들어오지 않았다. 상사는 그 사실을 모른 척하고 남자를 똑바로 바라보았다. 믿음직스럽지 않은 인간에게 일을 맡긴다는 것이 탐탁치는 않았으나 그다지, 중요한 일도 아니었다. 그러니 그에게 일처리를 맡기는 것일 뿐이었다. 남자는 상사의 뒷말을 알아서 짐작했다. 인간은 안드로이드를 혐오한다. 옛적부터 인간은 그것을 이해하지 못했다. 그것은 더 이상 인간의 창조물이 아니었다.

암페타민은 그저 끄덕거리기만 했다. 그가 제일 잘하는 행위였다. 그가 세상에서 제일 잘하는 것은 상황에 순응하는 것이었다. 암페타민의 딸이 죽었을 때도 그랬다. 암페타민은 그냥 시체를 들어서 어디에 묻을지 고민하며 걸음을 옮겼을 뿐이었다. 감정을 배설한다고 해도 그의 딸이 살아 돌아오는 것은 아니었다. 암페타민은 상사의 못마땅한 시선을 피해 방을 나왔다. 그에게는 먼지로 가득한 복도야말로 가장 못마땅한 것이었다.

암페타민은 주머니를 더듬어 담배를 찾았지만 이내 그가 라이터를 깜빡했음을 기억해냈다. 역시나 그는 별다른 반응을 보이지 않고 걷기 시작했다. 욕설을 중얼거린다고 담배에 불이 붙는 건 아니었다. 그는 매번 그런 식이었다. 딸의 시체가 말끔하고 깨끗한 안치실에 들어가지 못한다고 들었을 때에도 그냥 고개를 흔들고 말았다. 그녀의 영혼이 안치실에 놓일 수는 없지 않은 가. 암페타민은 더 이상 딸을 떠올리지 않기로 마음먹었다. 안 그래도 기분이 별로 좋지 않았다. 쓸데없는 생각보다는 행동이 필요한 순간이었다. 암페타민은 클론이 어떻게 도달했을지 알아서 짐작하기 시작했다. 그도 대부분 의미 없는 행동이긴 했으나 신문이란 것을 읽었다. 값비싼 디스플레이를 살 돈이 없었기에 너덜한 종이쪼가리나 주워서 읽는 게 그의 버릇이었다. 암페타민은 촌스러운 이름을 가진 AI가 별로 환영받지 못한 프로젝트를 진행하다 파괴되었다는 보도를 들었다. 그 프로젝트는 인간의 살아있는 몸에 안드로이드의 의식을 집어넣는 정말이지 쓸데없는 내용을 가지고 있었다. 그 AI가 왜 그런 행동을 했는지는 그의 극비 보고서를 읽은 투자처만이 알고 있으리라. 유한한 삶을 가진 안드로이드는 많은 문제를 야기했다. 이제는 잘 기억 나지 않는 의무교육 교과서에서 불쌍한 안드로이드는 인간에게 그 화를 쏟아 부었다. 전쟁, 또 전쟁! 도대체 왜 그런 낡은 문제를 끄집어냈는지 암페타민은 이해할 수 없었다. 요즘 같은 세상에 멍청한 AI가 있다니. 암페타민은 믿을 수가 없었다. 어쩌면 고도의 멍청함은 똑똑함과 구분이 가지 않는 것일지도 몰랐다. 어쨌든 AI가 아무리 멍청해도 인간보다는 똑똑할 테니까. 암페타민은 또다시 끄덕였다.

　그의 일처리 방식은 이랬다. 낡은 CCTV들을 예의상 확인한 다음 사람들에게 캐묻거나 스스로의 직감에 의존해 목표를 찾는다. 고리타분하고 어리석은 방식이긴 했으나 인간의 구역에서는 잘 통하는 방법이었다. 암페타민은 주의집중력이 꽤 낮았으나 그의 자칭을 탄 커피한 잔이면 하루정도는 일에 집중할 수 있었다. 그의 딸은 암페타민이란 단어가 재미있다고 생각했었다. 아. 또 딸을 떠올리다니, 암페타민은 혀를 찼다. 그녀는 마치 유령처럼 그의 의식을 침범하곤 했다. 일을 하기에는 아주 나쁜 버릇이었다. 아주. 남자는 그녀의 영혼을 털어내듯이 목을 한 번 쓴 다음에 길을 걷기 시작했다. 상사의 방은 어느새 남자와 아주 멀어져 있었다. 그는 문득 욕설을 지껄이고 싶어졌다. 아무 이유 없이, 더럽고 정돈되지 않은 길가에 어울리는 말을 뱉고 싶을 뿐이었다. 그러나 결국 아무 말도 하지 않았다. 그게 암페타민, 그의 성격이었다.

암페타민은 별로 내키지 않아 하는 주민 한 명에게 집요하게 캐물었다. 어린 여자애를 본적이 있느냐고. 주민은 다소 거친 말로 그에게 대꾸했다. 암페타민은 그의 불쾌하고 저급한 말을 금세 머릿속에서 지워냈다. 그의 아둔한 머리는 금세 지쳤다. 이 짓거리를 하루 종일 반복할 생각을 하니 맥이 빠지기 시작했다. 그냥 그 애를 내버려둬. 사람 몇 명 죽이고 자기도 죽어버리는 일 말고 또 무슨 일이 생기겠어? 그건 그냥 버려진 안드로이드일 뿐이었다. 동족에게 버려진 것들은 무엇이든 금세 죽기 일쑤다. 그의 쓰레기 같은 집에 있는 쥐덫에 가끔 걸리는 쥐새끼도 그랬다. 암페타민은 그의 멍한 머리로 그냥 무작정 걷기로 결심했다. 어차피 일을 빨리 해치워 봤자 그 어떤 것도 돌아오지 않으리라. 그는 그냥 죽지 못해 직장에 다닐 뿐이었다. 직장도 없어 지지 못해 그를 고용했을 뿐이었다. 아무도 그에게 기대하지 않았다. 그러니까, 이 도시는 도시, 라고 감히 부르지도 못할 만큼 진창 같은 이 구역은 대부분 그런 식이었다.

내가 진창이서일까, 아니면 이미 진창이었을까? 암페타민은 골목을 뺑뺑 돌았다. 다닥다닥 붙어있는 타일들마저도 짜증스러웠다. 암페타민은 진동하기 시작한 감정에 애를 먹었다. 벌써 약효가 떨어진 모양이었다. 그는 같은 곳을 돌고 또 돌았다. 커피가 필요했다. 각성제, 각성제만이 이 미로의 열쇠였다. 그는 냄새 나는 가게에서 커피를 샀다. 몇 모금을 먹자 몸에 열기가 돌았다. 그는 마침내 새로운 곳으로 걸음을 옮겼다.

클론을 찾아낸 것은 저녁이 다 지고 나서였다. 그는 내키지 않는 발걸음으로 그녀에게 다가갔다. 무거운 어둠이 깔려 그녀를 먹어치우고 있었다. 암페타민은 말없이 턱을 쓸었다. 그녀는 죽고 싶어 할까? 바보 같은 의문이 그를 덮쳤다. 그럴 리가 없었다. 안드로이드는 생각보다 삶에 대한 열망이 강했다. 생각보다? 아니, 원래 그랬다. 그들은 태어나기를 오만하게 태어났기에 죽음 같은 인간적인 요소를 받아들이지 못했다. 암페타민은 눈썹 사이를 좁혔다. 다시 한 번 자신에게 상기시켜야 했다. 이러한 생각은 일에 도움이 되지 않았다. 그는 천천히 소녀에게

다가갔다. 겉보기에는 그의 딸과 비슷한 또래였다. 소녀는 검은 옷을 입고, 찌그러져 있었다. 그녀에게 있어 삶은 무의미해 보였다. 그녀는 그저 존재하기만 했다. 아무 말도 하지 않았고, 아무 행동도 하지 않았고, 숨도 쉬지 않았다, 숨을 쉬지 않는다고? 암페타민은 다시 눈을 깜빡여 확인했다, 그건 아니었다, 소녀는 숨만큼은 확실히 쉬고 있었다, 아둔한 남자가 잘못 본 것이었다. 손가락을 몇 번 까딱거려보았다, 이   손으로 그녀의 목을 움켜잡아야 할까? 그에게는 총 같은 것이 없었다, 그건 비쌌다.

　　어쩌면 그녀를 이대로 쓰레기장에 던져버리면 일이 쉽게 풀릴지도 몰랐다 쓰레기들은 주기적으로 압착되었고 그 상태 그대로 불에 던져졌다. 그곳의 직원들은 처리 비용이 부족한 시체들이 던져지는 광경에 익숙했다. 이웃집의 노인이 말하길 ― 그도 그곳에서 일했다― 시체들은 그냥 쓰레기의 일부일 뿐이었다. 그들은 아무 감정 없이, 아마도, 그것들을 처리했다. 암페타민은 소녀의 얼굴을 일부러 상세히 살피지 않았다. 그런 행위는 쓸데없는 감정을 불러일으킬지도 모른다. 가령 그의 딸을 떠올린 끝에 깊은 슬픔을 느낀다던가. 아, 암페타민은 고개를 저었다. 정말 멍청한 행동이었다. 결국이 클론은 죽을 것이다. 단지 그 시기를 조금 앞당겨주는 것뿐이다. 조금, 그의 딸이 '조금' 일찍 죽었듯이 말이다. 머릿속이 암페타민에게 비꼬는 말을 던졌다. 암페타민은 조금 화가 났다. 분열되는 스스로의 의식이

짜증만 불러일으켰다.

그냥 없애! 암페타민은 속으로 목소리를 내질렀다. 그는 소녀를 안아들었다. 암페타민의 예상에 따르면 소녀는 축 늘어진 채 아무 반응도 하지 않아야 했다. 그러나 소녀는. 즉시 눈을 번쩍 떠버리고 말았다. 암페타민은 부끄럽게도 깜짝 놀라 소녀를 놓칠 뻔했다. 소녀의 형태를 띤 클론 은 암페타민에게 물었다.

「절 구해주시는 건가요? 」

이런 희망 섞인 말은 구역질이 난다. 암페타민은 생각했다. 클론은 그녀를 만든 AI만큼이나 멍청한 게 틀림없다고. 그녀의 어조는 암페타민이 말하는 것만큼이나 느리고 힘이 없었다. 암페타민의 것이 그의 타고난 멍청함 때문이었다면 소녀의 경우는, 아마 죽어가고 있어서 그런 모양이지, 암페타민은 속으로 중얼거렸다. 살아있는 시체를 쓰레기장에 던질 수는 없었다. 그는 뭘 해야 할까? 소녀에게 스스로 죽으라고 정중하게 권유하는 방법도 있었다. 암페타민은 벌써 수십 번도 더 떠올랐던 단어를 가까스로 지워냈다. 소녀는 그런 암페타민의 머릿속을 읽기라도 한 듯 물끄러미 쳐다보고는 입을 열었다.

「그냥 말해봤어요. 죽이려는 거잖아요. 」

암페타민은 부정하지 않았다. 마지막 양심이 그의 행동을 이끌었다. 거짓말은 무겁다. 죽음 또한 그렇다. 그러니 두 개를 함께 쓰는 일은 없어야 했다. 소녀의 눈동자는 옅은 갈색이었고, 얼굴은 동그랬다. 그의 딸도. ... 그만하기로 했는데. 암페타민은 푸, 숨을 뱉었다. 그녀가 눈을 깜빡 거리며 그의 행동을 긴밀하게 관찰하고 있었다. 사슴 같은 눈망울을 가진 소녀를 죽이는 일은 이제 아주 어려워졌다. 그녀가 의식을 찾지만 않았더라도. 암페타민은 체념하듯 답했다. 오늘 처음으로 입을 연 순간이었다.

「응.」

「총 가져왔어요?」

암페타민은 고개를 저었다. 칼? 독약? 소녀가 재차 물었지만 암페타민의 반응은 똑같았다. 소녀는 멈추지 않았다. 그럼 도대체 어떻게 날 죽일 건지 말해주세요. 소녀는 짐짓 아무렇지 않은 척 농조로 말했다. 암페타민은 생각 중이라고 답해주었다. 그 말대로 그는 생각 중이었다. 이 클론은 그의 딸을 정말로 닮은 얼굴을 하고 있었다. 얼굴뿐 만이 아니라 가는 팔다리도, 흑색 머리카락도. 전부 그랬다. 그는 그녀와 말하는 동시에 무심코 관찰해버리고 만 것이다. 소녀는 암페타민이 망설이는 기색을 능숙하게 읽어냈다.

「날 죽이지 못할 것 같아요.」

소녀가 간단하게 평했다. 그녀의 말에는 흔들림이 없었다. 아마 그녀의 전자 회로가 바삐 신호를 보내 모든 가능성들을 계산하고 가장 확률이 높은 결론을 도출해 —머리가 아프니까 그만 생각하자. 암페타민은 소녀의   머릿속에서 일어났을 일련의 과정을 짐작하는 일을 멈추었다. 소녀는 폴짝 뛰어내리려 했지만 그는 그것만은 허락할 수 없었다. 암페타민은 딸의 시체를 들었듯이 그녀를 놓치지 않으려 애썼다. 소녀가 다시 그를 쳐다보자 암페타민은 그제야 생각해냈다. 소녀는 쓰러져 있었다. 몸 상태가 좋지 않은 게 분명하다. 그렇다면, 이대로 그냥 지켜보면 소녀는 죽음 을 맞이하지 않을까. 합리적인 추론이었다. 그 치고는, 암페타민은 다음으로 어디가 좋을지 생각 했다. 역시 쓰레기장밖에 떠오르지 않았다.

밤하늘에 별이 수 놓여 있었다. 뭘 어떻게 했는지 모르겠지만 안드로이드들은 흐려졌던 하늘도 맑게 청소하는 데 성공했다. 그는 덕분에 생생한 별빛을 바라보며 그들의 창조물이 죽을 장소를 고민할 수 있었다. 그는 다시 소녀를 바라보았다. 몇 번째인지 기억도 나지 않았다. 그녀의 맑은 눈을 보는 것이 전에도 했던 일처럼 익숙하게 느껴졌다. 모든 게 그녀가 딸과 비슷하게 생겨서 였다. 암페타민은 마침내 결심했다. '이것이 그의 딸이었다면' 데려갔을 장소로 데려가는 게 옳아 보였다. 명확한 이유는 필요가 없었다. 어차피 마지막이었다. 암페타민은 단순하게 생각하고 행동하기로 했다. 모든 게 엉망진창이었다. 그의 머릿속도, 억눌린 감정도 이 소녀의, 담담한 표정도, 아마 그녀가 안드로이드의 심장을 가져서 그렇겠지만.

암페타민은 말없이 걷기 시작했다. 소녀를 그러안은 채였다. 그녀에게는 선택권이 없었다. 그저 그가 자비를 베풀어주길 바라는 듯한 표정이 얌전했다. 그러나 암페타민은 알았다. 이 무심한 안드로이드는 바쁘게 계산하고 있을 것이다. 이것에게 감정이 있을까? 암페타민은 가방끈이 짧았다. 그는 안드로이드의 내부가 어떻게 돌아가는지 잘 모르는 인간일 따름이었다. 암페타민은 문득 자신이 어디서부터 잘못됐는지 알고 싶다는 열망을 느꼈다. 그러나 그것이 가능했다면 암페타민은 꽤 똑똑한 인간이었을 것이다. 현실은 그렇지 않다. 깜빡거리는 가로등이 위태로웠다. 암페타민은 골목길을 나아갔다. 가끔 행인들과 마주쳤지만 그들은 그것이 클론인지 알아보지 못했다. 겉으로는 완벽한 인간에 지나지 않았기 때문이다. 그것은 비단 소녀뿐만 아니라 암페타민도 마찬가지였다. 그는 감색 코트에 다림질한 와이셔츠를 입고 있었다. 대부분의 날들에서 그는 그렇게 입었다. 누구나 흔하게 사 입는 브랜드의 것이었다. 그러나, 그러한 평범한 옷차림에도 불구하고, 그에게서는 외로움의 향기가 났다. 그건 말로 옮길 수 없는 냄새, 가령 사취와도 같은 것이었다. 소녀는 그의 악취를 맡았는지, 맡지 못했는지 아리송한 얼굴이었다. 그녀는 말을 꺼내려는 듯 했으나 이내 그들에게 말이 필요하지 않다는 사실을 다시 떠올렸는지 결국 아무 말도 하지 않았다.

암페타민은 집과 직장만을 오가는 평평한 일상을 고수하고 있었다. 그랬기에 소녀를 데려갈 수 있는 장소도 거기서 거기였다. 암페타민은. 집에 소녀를 내버려두고 자신은 밖을 나돌아다니는 선택지를 상상해보았다. 썩 마음에 들지 않았다. 소녀는 그동안 이미 완전히 마음을 내려놓은 눈치였다. 그녀는 어차피 죽어가고 있었다. 그녀의 의식과 육체는 맞물리지 않았다. 갸날픈 육체가 허용할 수 있는 한계는, 암페타민 정도로 느린 두뇌 정도였다. 소녀의 뇌는 지나치게 복잡했다. 각지고 허름한 오피스텔이 보이기 시작했다. 암페타민은 가끔 생각했다. 부인이 혼자가 된 그를 내버리고 이 오피스텔을 등졌을 때의 순간을. 그녀는 딸이 죽고 나자 망설임 없이 결정을 내렸다. 암페타민은 그녀가 그를 떠나겠다고 했던 순간에도 고개만 끄덕였다. 그는 소녀를 내려다보았다. 그러니까, 부인은 소녀에게 맑은 인상을 물려준 사람이었다. 그는 차마 그녀를 미워할 수 없었다. 그녀를 사랑한 적은 없었으나 그녀의 딸은.

생각은 반쯤 기울어진 계단을 걷는 동안 끊어졌다. 암페타민은 가장 싼 1층 집에 살았다. 그가 익숙하게 문을 열자 낡은 토마토 냄새가 그들을 덮쳤다. 아침으로 암페타민은 빈궁한 샌드위치를 먹었다. 재료대신 케첩이나 잔뜩 바른 조악한 음식이었다. 그걸 '요리' 했다고 말하기에도 부끄러울 정도였다. 암페타민은 어쨌든 위가 아프지만 않을 정도로 먹고 다녔다. 사치스러운 음식을 입에 넣어본 적은 손에 꼽을 정도였다. 암페타민은 걸쇠를 걸고 마침내 소녀를 내려놓았다. 새벽의 공기가 새어나오는 창문을 재빨리 닫았다. 소녀는 반항하기엔 너무나도 미약했다. 그녀는 그냥 나뭇결이 조금 갈라진 의자에 앉았다. 암페타민은 그녀가 의자를 차지했기 때문에 찢어진 소파에 앉아야만 했다. 암페타민은 tv를 틀어 둘 사이의 침묵을 메우고 싶었지만 그만두었다. 오히려 시끄러운 소리가 정신을 더욱 갉아먹을 것이다. 암페타민은 멍하니 천장을 올려다보았다. 어쩌면 소녀는 그의 환상일지도 모르겠다. 암페타민은 진즉 그가 쓰레기 같은 정신 상태로 인해 직장에서 잘렸을지 모르겠다는, 그답지 않은 그럴듯한 가정을 내놓았다. 소녀는 지루함을 느끼며 집안을 둘러보았다. 죽음을 앞에 둔 모습 치고는 지나치게 태평했다. 남자에 대해서 아는 것은 없었지만 남자의 집은 이제 그녀의 머릿속에 확실히 자리를 잡았다. 비린 피 맛이 여린 식도에서부터 느껴진다. 그녀의 계산에 따르면, 왜냐하면 그녀는 인간보다 똑똑했으므로, 그녀는 금방 죽고 모든 것이 끝날 것이다. 암페타민은 아는지 모르는지 그저 모르는 척하는 것인지 무표정했다. 다만 안타까울 뿐이었다. 마지막 최후가 딱딱한 막대기 같은 남자 옆에서 일어나다니, 안타까운 일이었다. 길고 차가운 금속 막대 같은 기분이 그녀를 덮쳤다.

그녀도 알았다. 이렇게 죽을 바에는 태어나지 않는 게 좋았다는 걸, 그러나 지금 와서 읊어봤자 무슨 의미가 있겠는가. 남자가 그녀의 죽음을 애도라도 해주겠는가. 그의 눈가는 그 누구보다 딱딱하고 메말라 있는데. 내일 그는 직장에 가서 소녀의 시체를 처리하고 또 다른 죽음을 찾아 나설 예정이었다.

문득 죽음이 붙었다

소녀는, 혹 지나가는 농담처럼, 금세 차가워졌다. 그녀는 나뭇가지보다 딱딱해졌고 그것은 암페타민에게 회상을 불러일으켰다. 암페타민은 앉아서 그녀를 보고 있었다. 당연하게도 딸이 죽었을 때의 기억이었다. 그는 없어지고 싶다는 생각을 했다. 그들은 마음대로 없어지는데 나라고 못할 건 또 뭔가. 암페타민은 그렇게 생각했다. 그에게 남은 것은 아무것도 없었다. 텅 빈 지갑이 아리다. 아니 어쩌면 그의 가슴이. 그는 또다시 소녀를 바라보았다. 그녀를 바라볼 때마다 그에게 남은 시간이 시시각각 달라졌다. 이제 그것은 소녀가 아니라 시체였다.

마침내 암페타민은 혼자 남았다. 그는 딸이 죽었다는 사실을 받아들였다. 정말 암페타민의 딸은 죽었다.